PRAXISHILFEN FÜR DEN KINDERGARTEN

Renate Lüber
unter Mitarbeit
von Hildegard Enderle
und Hedwig Friedmann-Spath

Stichwort »Planung«

8

Als Beitrag zum Umweltschutz verzichten wir bei diesem Heft auf das Einschweißen und drucken den Textteil auf umweltfreundlichem, chlorfrei gebleichtem Papier.
Damit die Poster aus den Heften bis zum Gebrauch nicht herausfallen, werden sie in der Heftmitte geklammert. Bitte lösen Sie die mittlere Klammer vorsichtig und nehmen Sie die Poster heraus.

W0332764

Herder Freiburg · Basel · Wien

Anmerkungen
Eigene Ideen
Notizen

Wie viele Tage hat die Woche, wie viele Monate das Jahr?

Information

● Tag

Ein Tag ist die durch die Rotation der Erde gegebene natürliche Zeiteinteilung. Die Erde braucht für die einmalige Drehung um ihre Achse 24 Stunden.
Jedoch nicht nur diese bestimmte Zeit bezeichnen wir als Tag, sondern auch den Gegensatz zur Nacht. In dieser Bedeutung dauert ein Tag vom Sonnenauf- bis zum Sonnenuntergang. Dieser ist am Äquator immer gleich lang. Bei uns sind die Tage im Sommer länger und im Winter kürzer. Dies hängt vom jeweiligen Rotationswinkel der Erde zur Sonne ab.

Zum Einstieg für den Erzieher.

● Woche

Eine Woche umfaßt den Zeitraum von sieben Tagen. Dieser ist in der Zeiteinteilung fortlaufend ohne Rücksicht auf die Monats- und Jahresgänge.
Im Altertum waren sieben Planeten bekannt (Sonne und Mond miteinbezogen). Auf sie ist die ursprüngliche Einteilung der Wochentage zurückzuführen. So war der Sonntag der Sonne, der Montag dem Mond, der Dienstag dem Mars, der Mittwoch dem Merkur, der Donnerstag dem Jupiter, der Freitag der Venus und der Samstag dem Saturn geweiht. In verschiedenen Sprachen und Dialekten sind diese Bezeichnungen teilweise noch erkennbar.
Heute gehen die Namen der Wochentage zum Teil auf Gottheiten zurück, die jedoch wiederum den Planetengöttern entsprechen.

Der *Sonntag* ist der erste Tag der Woche. Im Christentum ist er der Tag der Auferstehung Christi und somit in den meisten christlichen Ländern gesetzlicher Ruhetag.
Der *Montag* ist der zweite Tag der Woche. Er ist der Tag des Mondes.
Der *Dienstag* ist der dritte Tag der Woche. Er hat seinen Namen von Ziu, dem germanischen Kriegsgott.
Der *Mittwoch* ist der vierte Tag der Woche. Früher war es „Wodanstag“, benannt nach dem nordischen Gott Wodan.
Der *Donnerstag* ist der fünfte Tag der Woche. Er ist der Tag des Donar, des altgermanischen Donnergottes.
Der *Freitag* ist der sechste Tag der Woche. Er ist benannt nach der germanischen Göttin Freyja.
Der *Samstag*, auch Sonnabend genannt, ist der siebte Tag der Woche. Im Hebräischen ist es der Sabbat (Ruhetag). So auch in der Schöpfungsgeschichte.

● Monat

Ein Monat ist ein nach Mondumläufen bestimmtes Zeitintervall. Ursprünglich war es die Zeit eines Mondumlaufes um die Erde (29, 5 Tage). Auch der alte römische Kalender beruhte auf Mondphasen und war in 10, später in 12 Monate eingeteilt. Das Mondjahr hatte 355 Tage. Um die Abweichung zum Sonnenjahr auszugleichen, schaltete man alle zwei Jahre einen Monat ein. Das römische Jahr begann am 1. März. 153 vor Christus wurde der Jahresanfang auf den 1. Januar gelegt.
Zur Zeit Julius Cäsars stimmte der Kalender nicht mehr mit den Jahreszeiten überein. 46 vor Christus führte Cäsar eine Kalenderreform ein, durch die das Jahr auf 365 Tage festgelegt und alle vier Jahre ein Schalttag im Februar eingefügt wurde.

Der *Januar* ist mit 31 Tagen der erste Monat des Jahres. Er ist nach Janus, dem doppelköpfigen Gott des Tordurchgangs, dem Beschützer der Eingänge und Durchgänge benannt. Der alte deutsche Name für Januar ist Hartung, Schneemond.

Der *Februar* ist mit 28 Tagen (in den Schaltjahren 29) der zweite Monat des Jahres. Im vorjulianischen Kalender war er der letzte Monat im Jahr. Daher kommt auch die außergewöhnliche Anzahl der Tage. Er ist der Reinigungsmonat und nach dem altrömischen Sühnefest „februa" benannt. Der altdeutsche Name für Februar ist Hornung.

Der *März* ist mit 31 Tagen der dritte Monat des Jahres. Er ist der Marsmonat, nach dem Kriegsgott Mars benannt. Der alte deutsche Name für den März ist Lenzing, Lenzmond.

Der *April* mit 30 Tagen ist der vierte Monat des Jahres. Vermutlich wurde er nach Aphrodite, der griechischen Göttin der Liebe benannt. Im Altdeutschen nennt man den April Ostermond.

Der *Mai* ist mit 31 Tagen der fünfte Monat des Jahres. Er ist nach Maja, der römischen Göttin des Erdwachstums (Maigöttin) benannt. Der alte deutsche Name für Mai ist Wonnemond.

Der *Juni* ist mit 30 Tagen der sechste Monat des Jahres. Er ist nach Juno, der Göttin der Ehe benannt. Der altdeutsche Name für Juni ist Brachmond, Brachet.

Der *Juli* ist mit 31 Tagen der siebte Monat des Jahres. Er wurde zu Ehren Julius Cäsars Juli genannt. Der alte deutsche Name für Juli ist Heumond, Heuert.

Der *August* ist mit 31 Tagen der achte Monat des Jahres. Er ist nach Augustus, dem ersten Kaiser des römischen Weltreichs benannt. Der altdeutsche Name für August ist Erntemond, Ernting.

Der *September* ist mit 30 Tagen der neunte Monat des Jahres. Im altrömischen Kalender bis 153 vor Christus war er der siebte Monat. Daher hat er auch seinen Namen septem, was sieben heißt. Der alte deutsche Name für September ist Herbstmond, Scheiding.

Der *Oktober* ist mit 31 Tagen der zehnte Monat des Jahres. Zuvor war er der achte Monat. Von octo, was acht heißt, stammt auch sein Name. Der altdeutsche Name für Oktober ist Weinmond, Gilbhard.

Der *November* ist mit 30 Tagen der elfte Monat des Jahres. Sein Name kommt von novem, was neun bedeutet. Der alte deutsche Name für November ist Nebelmond, Neblung.

Der *Dezember* ist mit 31 Tagen der zwölfte und somit letzte Monat des Jahres. Von decem, was zehn bedeutet, kommt sein Name. Der altdeutsche Name für Dezember ist Christmond, Julmond.

● Jahr

Ein Jahr ist die festgelegte Zeiteinheit, die sich durch die Dauer eines Umlaufs der Erde um die Sonne ergibt. Dies sind 365 Tage und ca. 6 Stunden. Um ein Kalenderjahr mit ganzen Tagen zu erhalten, folgt jedes vierte Jahr ein Schaltjahr durch das Einschalten eines Schalttages am 29. Februar. Julius Cäsar führte dieses Gemeinjahr 47 vor Christus ein. Da jedoch diese Jahreslänge gegen das Sonnenjahr um 11 Minuten und 12 Sekunden zu groß ist, ging dieser Kalender bis zum 16. Jahrhundert um 10 Tage vor. Papst Gregor XIII. korrigierte den Julianischen Kalender, indem er die 10 Tage vom 5. bis zum 14. Oktober 1582 ausfallen ließ und ein genaueres Schaltverfahren einführte, bei dem der Schalttag beim vollen Jahrhundert ausfällt, mit Ausnahme der durch vier teilbaren. Nach diesem reformierten Gregorianischen Kalender erfolgt heute unsere Zeitmessung.

Anmerkungen
Eigene Ideen
Notizen

Gespräche

Vom Morgen bis zum Abend

Über einen Tag, wie wir die einzelnen Tageszeiten benennen:
Morgen, Vormittag, Mittag, Nachmittag, Abend, Nacht.
Was wir zu den einzelnen Tageszeiten tun, wie z. B. aufstehen, spielen, im Kindergarten sein, Mittagessen . . .
Nicht alle Tage verlaufen gleich: Ein Tag unter der Woche verläuft anders als einer am Wochenende.

Die Kinder von ihrem Tagesablauf erzählen lassen.

Eine Woche

Über eine Woche, wie viele Tage sie hat, wie wir die einzelnen Wochentage nennen, daß jede Woche gleich lang ist.
Über festgelegte Angebote im Kindergarten, die sich wöchentlich wiederholen, wie z. B. der Turntag, der Müslitag . . .
An welchen Tagen der Kindergarten oder die Geschäfte geöffnet oder geschlossen sind.

Ein Tages-Abreißkalender und ein Monatskalender sollten in jedem Gruppenraum hängen. Ebenfalls ein Geburtstagskalender, der in Monate aufgeteilt ist.

Die Monate

Über die Monate, ihre Namen, was typisch für sie ist. So z. B., welche Feste wir in welchem Monat feiern; wie sich die Natur in den einzelnen Monaten verändert, und wie sich die Tage innerhalb der Monate verändern. In welchem Monat wir Geburtstag haben.

Den Kindern die Monate im Zusammenhang mit Festen und Ereignissen nahebringen.

Wie und warum wir die Zeit messen

Mit der Zeit messen wir das Nacheinander von verschiedenen Vorgängen; wir unterteilen die Zeit in Jahre, Wochen, Tage, Stunden, Minuten und Sekunden.
Als die Menschen noch keine Uhren kannten, richteten sie sich nach der Sonne, dem Mond und nach den Veränderungen in der Natur, den Jahreszeiten; später auch nach den Sternen.
Die ersten Uhren waren Sonnen-, Wasser- und Sanduhren. Lange danach erfanden die Menschen die ersten mechanischen Uhren. Heute haben wir auch Quarz- und Atomuhren.
Wir messen die Zeit, damit wir z. B. wissen, wann wir morgens in den Kindergarten dürfen und wann wir abgeholt werden sollen; wann Papa oder Mama zur Arbeit muß und wann sie wieder nach Hause kommen; wann die Geschäfte auf- und zumachen. Ebenso, wann unser Geburtstag ist; wann Ferien sind, wann wir eingeschult werden . . .

Sanduhren verwenden wir auch heute noch beim Eierkochen und Zähneputzen.

Wie wir die Zeit empfinden

Die Zeit geht immer gleich schnell. Wir empfinden sie jedoch nicht immer gleich lang. Es gibt Momente, die kurz sind und uns lang vorkommen. Dies ist z. B., wenn wir auf jemanden warten oder wenn ein großer Hund auf uns zuläuft, vor dem wir Angst haben. Umgekehrt gibt es Situationen, die lange dauern, uns jedoch ganz kurz vorkommen, wie z. B. ein schönes Spiel, ein Nachmittag im Schwimmbad, ein schönes Fest.

Welche Uhren wir kennen, und was für Uhren wir zu Hause haben.

Ausgang

Wir machen einen Besuch beim Uhrmacher.
Wir machen einen Spaziergang zu einer Turmuhr.

Sollten wir in unserem Gruppenraum noch keine Uhr haben, besorgen wir uns eine Wanduhr (Küchenuhr) mit großem Zifferblatt, deutlichen Zahlen und gut erkennbaren Zeigern.

Anmerkungen
Eigene Ideen
Notizen

Bilderbücher

„Freunde“
von Helme Heine. Middelhauve Verlag

„Guten Tag Gute Nacht“
von Stephan Brülhart. Meisinger Verlag

„Das Jahr beginnt im Januar“
von Hilde Heyduck-Huth/Barbara Cratzius. Ravensburger

„Die Uhr“
von Wolfgang de Haen. Ravensburger

„Meine allerliebsten Bäume“
von Barbara Bartos-Höppner/Monika Laimgruber. Verlag Gerstenberg

„Meine allerliebsten Vögel“
von Barbara Bartos-Höppner/Monika Laimgruber. Verlag Gerstenberg

„Der Wecker“
von Helme Heine. Middelhauve Verlag

„Wieviel Uhr ist es, lieber Bär?“
von Georgia. Ravensburger

„Was ein Tag alles bringt“
von Renate Mörtl–Rangnick/Ernst A. Ekker. Ravensburger

„Im großen Haus von früh bis spät“
von Danièle Bour. Verlag Herder

„Tante Nudel, Onkel Ruhe und Herr Schlau“
von Helme Heine. Middelhauve Verlag

Sachbücher

Aus der Reihe: **„Zu meiner Welt gehören“**
„Zeiten“
Herold Verlag

Aus der Reihe: **„Die Welt entdecken“**
„Meter, Gramm, Sekunde“
von Brigitte Gandiol-Coppin. Ravensburger

Vorlesebuch

„Vor unserem Fenster“
von Maria Kost. Verlag Herder

Weitere Bücher siehe Heft 7, Seite 4 und 5.

Geschichte

Die Oma-Geschichte

„Ach, du liebe Zeit!“ sagt Oma zu Axel. „Die Küchenuhr ist ja stehengeblieben. Halt mal ein Momentchen das Mehlsieb.“ Sie läuft zum Fenster und schaut zur Uhr auf dem Marktplatz hinüber.
„Die Küchenuhr ist wohl kaputt“, meint Axel. „Jetzt steht die Zeit still.“
„Nein, nein“, Oma schüttelt den Kopf, „die Zeit steht nie still. Ein Augenblick nach dem anderen vergeht, ohne daß wir es merken. Und die Welt verändert sich. Du wirst größer, ich werde immer älter. Immer passiert irgend etwas.“
Da rollt ein Ei vom Tisch.
„Siehst du, einen Augenblick nicht aufgepaßt – und schon ist was passiert.“
„Zum Glück nichts Schlimmes“, sagt Axel und wischt auf. Dann schüttelt er wieder heftig das Mehl durchs Sieb. „Und wann ist der Kuchen fertig?“
„Nicht so bald“, antwortet Oma. „Alles braucht seine Zeit. Der Kuchen braucht neunzig Minuten im Backofen.“
„Das ist ja so lange wie ein Fußballspiel. Eine Halbzeit und noch eine Halbzeit“, sagt Axel. „Oder wie zwei Schulstunden ohne Pause.“
Oma nickt. „Wenn der Opa kommt, ist der Kuchen fertig.“

Iris Salzmann/
Heide Heinz,
Aus:
„ich bin ich,
und wer bist du,
Tiger oder
Blindekuh?“
Pädagogischer Verl.
Schwann-Bagel,
Düsseldorf.
Rechte bei den
Autoren

„Woher weiß das denn der Opa? Er hat seine Uhr auf dem Tisch liegen gelassen.“ „Das macht er immer so.“ Oma lacht. „Beim Angeln sind die Fische seine Uhr. Wenn er vier oder fünf gefangen hat, ist es Zeit für ihn, nach Hause zu kommen.“
„Ich brauche auch keine richtige Uhr.“ Axel guckt die Oma an. „Ich habe eine Blumenkohl-Uhr. Wenn der Gemüsemann drüben die Obstkästen vor seinen Laden stellt, ist es kurz vor acht. Dann muß ich zur Schule. Und wenn mein Magen knurrt, ist es Mittag.“
Da geht die Tür auf. Opa ist gekommen. Er hält einen prächtigen Fisch in die Höhe.
„Deine Fisch-Uhr geht heute aber vor!“ ruft Axel. „Der Kuchen ist noch nicht fertig.“
„Eile mit Weile“, sagt Opa gemütlich, „Angler haben immer Zeit.“

Reime

Guten Tag, Frau Montag

Guten Tag, Frau Montag,
wie geht es Frau Dienstag?
Ganz gut, Frau Mittwoch.
Bitte, sagen Sie der Frau Donnerstag,
ich käme mit der Frau Freitag
am nächsten Samstag
zum Kuchenessen zu der Frau Sonntag.

Schlaf, mein kleines Mäuschen,
schlaf bis morgen früh,
bis der Hahn im Häuschen
ruft sein Kikeriki.

*

Wie spät mag's sein?
grunzt das Schwein.
Ein Viertel vor sieben
meckern die Ziegen.
Noch ein Viertel dazu
brummt die Kuh.
Schon so spät?
wiehert das Pferd.

Die Monate

Im Januer beginnt das Jahr;
im Februar ist Fastnacht da;
im März die Frühlingssonne lacht;
im April das Wetter Ärger macht.

Im Mai die schönen Blumen blühen;
im Juni wir ins Schwimmbad ziehen;
im Juli ist der Sommer da;
im August gibt's Ferien mit Papa.

Im September gibt es reife Früchte;
im Oktober steigen Drachen in die Lüfte;
im November graue Nebel wallen;
im Dezember die Schneeflocken fallen.

Renate Lüber

Die Kuckucksuhr

Um eins, um zwei, um drei und um vier,
um fünf und um sechs geht auf die Tür,
dann kommt aus einem hölzernen Haus
ein kleiner hölzerner Kuckuck heraus.

Der Kuckuck ist schlau und klug und gescheit.
Er sagt uns genau die richtige Zeit.
Er springt heraus mit einem Ruck
und schreit: „Kuckuck, kuckuck, kuckuck,
kuckuck, kuckuck, kuckuck, kuckuck!“

Wenn der Kuckuck siebenmal schreit,
dann sagt die Mutter: „Es ist soweit.“
Dann ruft die Mutter: „Elisabeth,
marsch ins Bett!“ *Josef Guggenmos*

Anmerkungen
Eigene Ideen
Notizen

Aus:
Josef Guggenmos,
„Was denkt
die Maus am
Donnerstag?“
Georg Bitter Verlag,
Recklinghausen
1967

Weitere Reime:
„Morgens früh
um sechs“ /
„Mein Haus“
siehe Heft 1,
Seite 22.

Anmerkungen
Eigene Ideen
Notizen

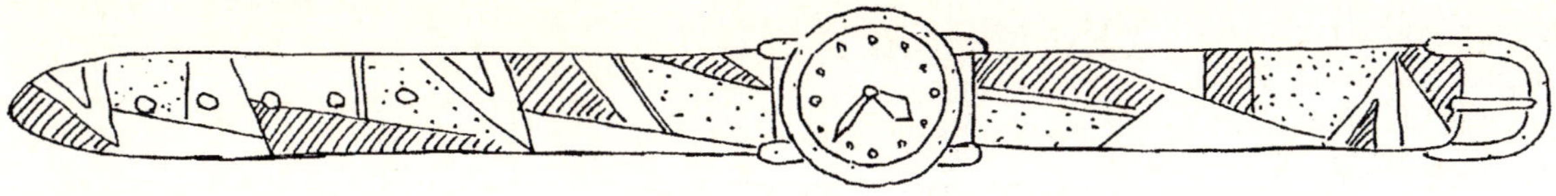

Rätsel

Immer soll ich gehn,
niemals darf ich stehn,
darf zu langsam weder
noch zu schnell mich drehn.
(Uhr)

Was läuft und läuft
in einer Tour?
Sag es, mein Kind,
es ist die . . .
(Uhr)

Es geht und geht in einem fort
und kommt doch keinen Schritt vom Ort.
(Uhr)

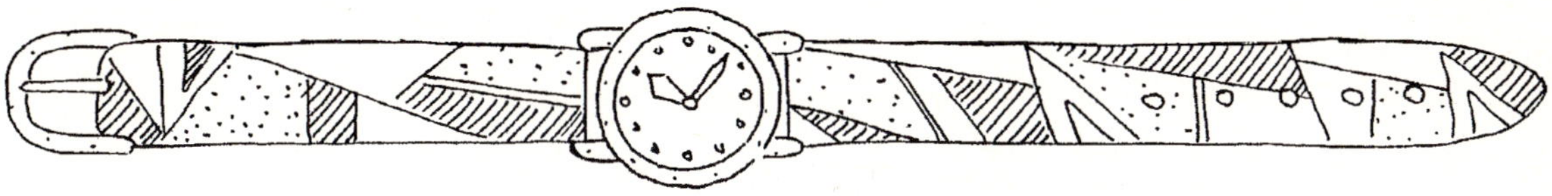

Fingerspiel

Die Monate

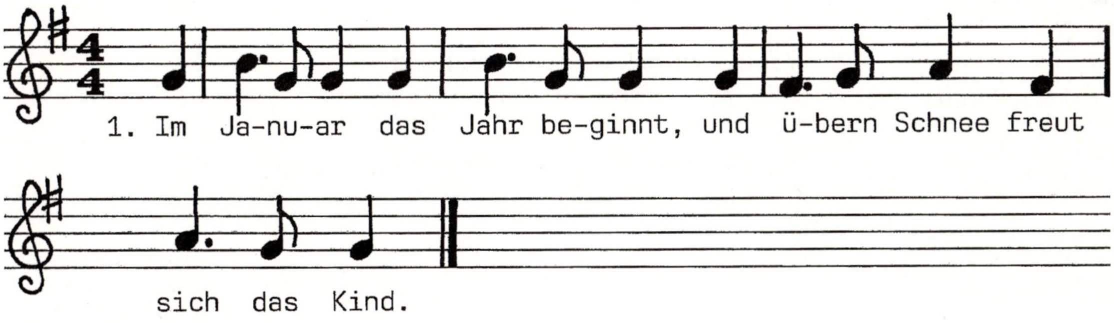

Aus:
Elfriede
Pausewang,
„Die Unzertrenn-
lichen" – Neue
Fingerspiele, Tl. 3
Don Bosco Verlag,
München 1991/12. Aufl.

Die zwölf Verse werden nach obenstehender Melodie gesungen. Zwischen den Versen werden jeweils die Monate aufgezählt, die bis dahin besungen wurden.

1. Im Januar das Jahr beginnt,
und über'n Schnee freut sich das Kind.

Die hoch erhobenen Hände werden mit zappelnden Fingern langsam gesenkt.

Gesprochen:
Januar.

Einmal klatschen.

2. Im Februar, zur Fastnachtszeit,
da tragen wir ein lust'ges Kleid.

Beide Hände dachförmig auf den Kopf legen, dann über den Körper streichen.

Gesprochen:
Januar, Februar.

Zweimal klatschen.

Anmerkungen
Eigene Ideen
Notizen

3. Der März die ersten Blumen bringt,	Die aufgestellten Hände mit etwas gebeugten Fingern – Daumen und kleiner Finger angenähert – bilden zwei Blütenkelche.
die erste Lerche wieder singt.	Eine Hand hochhalten und die Finger leicht bewegen.
Gesprochen: Januar, Februar, März.	Dreimal klatschen.
4. April bringt uns das Osterfest mit Ostereiern in dem Nest.	Eine Hand wird gewölbt quer über die andere gelegt (Ostereier), dann werden die flachen Hände zu einem Nest nebeneinandergelegt.
Gesprochen: Januar, Februar usw.	Viermal klatschen.
5. Im Mai der Kuckuck lustig ruft,	Eine Hand wird hochgehalten. Die Kuppen von Daumen, Zeige- und Mittelfinger werden zusammengelegt und geöffnet und geschlossen.
Maikäfer schwirren durch die Luft.	Beide Zeigefinger tanzen in der Luft.
Gesprochen: Januar, Februar usw.	Fünfmal klatschen.
6. Im Juni steht die Sonne hoch und bringt uns lange Tage noch.	Eine flache Hand mit gespreizten Fingern als Sonne sehr hoch halten.
Gesprochen: Januar, Februar usw.	Klatschen.
7. Der Juli große Hitze bringt, das Kind ins kühle Wasser springt.	Eine Hand schnell von oben nach unten fallen lassen, dann mit beiden Armen Schwimmbewegungen.
Gesprochen: Januar, Februar usw.	Klatschen.
8. Die Schule im August beginnt, und eine Tüte kriegt das Kind.	Die Ellbogen werden zusammengelegt, die Arme mit gestreckten Händen schräg hochgehalten.
Gesprochen: Januar, Februar usw.	Klatschen.
9. September – Herbst ist nicht mehr weit, und Tag und Nacht hat gleiche Zeit.	Die waagrechten flachen Hände steigen abwechselnd auf und nieder.
Gesprochen: Januar, Februar usw.	Klatschen.
10. Oktober – da wirds kühler schon, die Vögel ziehen uns davon.	Die Hände machen in Kopfhöhe schwingende Bewegungen und entfernen sich dabei immer mehr vom Körper in Richtung nach vorn.
Gesprochen: Januar, Februar usw.	Klatschen.
11. November – Nebel zieht heran, daß ich fast nichts mehr sehen kann.	Die Hände werden schützend über die Augen gehalten.
Gesprochen: Januar, Februar usw.	Klatschen.
12. Dezember bringt den Weihnachtsmann, der uns was Schönes schenken kann.	Beide Fäuste werden auf eine Schulter gelegt. (Sack des Weihnachtsmannes).
Gesprochen: Januar, Februar usw.	Klatschen.

Weitere Fingerspiele: „Es war voller Äpfel ein Apfelbaum“ (Wochentage), siehe Heft 1, Seite 37.

Lieder

Glocken läuten

Alte Volksweise

Das Glockenlied läßt sich gut mit Orffinstrumenten begleiten. Kleine helle Glocken mit Cymbeln, Triangel oder Glockenspiel, große tiefe Glocken mit Becken oder Metallophon. Beim Erklingen heller Instrumente schwingen die Arme, beim Erklingen tiefer der ganze Körper mit.

Bruder Jakob

Text und Melodie: volkstümlich

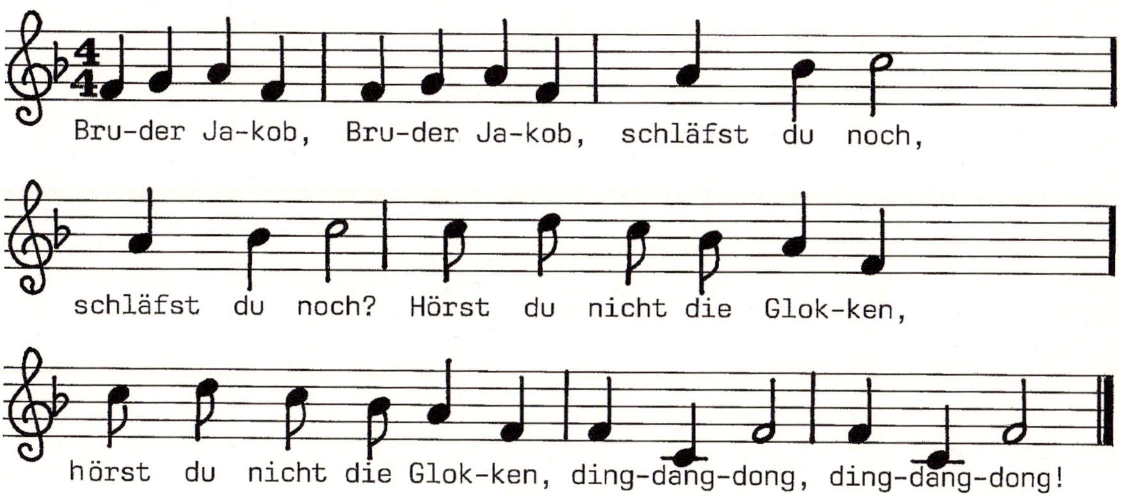

In England singt man:

Are you sleeping, are you sleeping, brother John, brother John?
Morning bells are ringing, morning bells are ringing,
ding, ding, dong, ding, ding, dong!

In Frankreich singt man:

Frère Jacques, frère Jacques, dormez-vous, dormez-vous?
Sonnez les matines, sonnez les matines,
ding, ding, dong, ding, ding, dong!

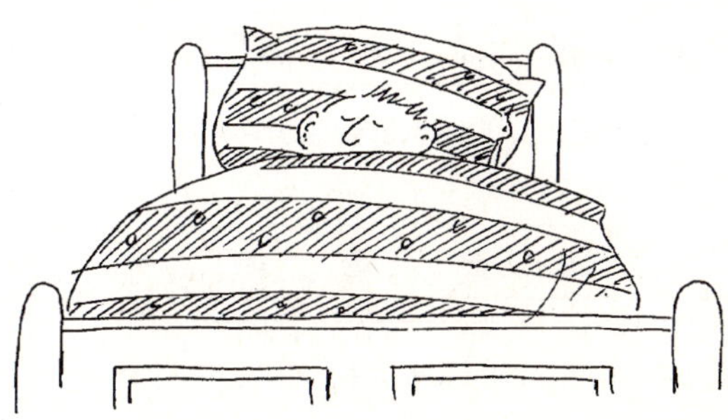

Anmerkungen
Eigene Ideen
Notizen

Heut ist ein Tag

Text: Lore Kleikamp/Musik: Detlev Jöcker

2. lachen
3. klatschen
4. rennen
5. schnarchen
6. flöten

Aus:
MC u. Liedheft „Elefantis Liederwiese“.
Alle Rechte im Menschenkinder Verlag, 44 Münster

Die Uhren

Text und Melodie: Karl Karow

Anmerkungen
Eigene Ideen
Notizen

Schlaflied

Text: Friedl Hofbauer/Musik: Peter Költringer

Aus:
Peter u. Birgit Költringer, „Neue Kinderlieder“, Veritas-Verlag, Linz 1991

Mausewoche

Text frei nach einer Idee von Josef Guggenmos
Melodie: Anneliese Gaß-Tutt

2. Was denkt die Maus am Dienstag . . .
3. Was denkt die Maus am Mittwoch . . .
4. Was denkt die Maus am Donnerstag . . .
5. Was denkt die Maus am Freitag . . .
6. Was denkt die Maus am Samstag . . .
7. Was denkt die Maus am Sonntag . . .

Anmerkungen
Eigene Ideen
Notizen

Aus:
Anneliese Gaß-Tutt,
„Tanzkarusell“,
Band 1,
Fidula-Verlag,
Boppard/Rhein
u. Salzburg

Im Januar (Das Jahreslied)

Text und Melodie: Volker Rosin

2. Im Februar, im Februar,
da gibt's den Karneval.
Da feiert man den Maskenball,
überall, in jedem Saal.
Im Februar, im Februar,
da gibt's den Karneval.

3. Im März, im März, im schönen März,
da fängt's schon an zu blühn.
Man kann die Frühlingsblumen sehn,
und der Schneemann muß bald gehn.
Im März, im März, im schönen März,
da fängt's schon an zu blühn.

4. April, April, April, April,
der weiß nicht, was er will.
Mal legt er sich ins grüne Gras,
mal wird er ganz weiß und naß.
April, April, April, April,
der weiß nicht, was er will.

5. Im Mai, im Wonnemonat Mai,
da wird es langsam warm.
Da gehn die Menschen Arm in Arm,
man kann schon ins Grüne fahrn.
Im Mai, im Wonnemonat Mai,
da wird es langsam warm.

6. Im Juni, ja im Juni, ja,
fängt bald der Sommer an.
Zum Baden man da gehen kann,
wir ziehn kurze Hosen an.
Im Juni, ja, im Juni, ja,
fängt bald der Sommer an.

7. Im Juli dann, im Juli dann,
beginnt die Urlaubszeit.
Was haben wir uns drauf gefreut,
manchmal wird's 'ne Regenzeit.
Im Juli dann, im Juli dann,
beginnt die Urlaubszeit.

8. Im August scheint, im August scheint
die Sonne ziemlich heiß.
Die Schäfchenwolken ziehen weiß,
lecker schmeckt am Stiel das Eis.
Im August scheint, im August scheint
die Sonne ziemlich heiß.

9. Septemberwind, Septemberwind –
es fällt etwas vom Baum.
Viel Früchte, herrlich anzuschaun,
und so groß, ihr glaubt es kaum.
Septemberwind, Septemberwind –
es fällt etwas vom Baum.

10. Oktoberzeit, Oktoberzeit
schenkt manchmal goldnen Glanz.
Und manche machen einen Tanz
um den schönen Erntekranz.
Oktoberzeit, Oktoberzeit
schenkt manchmal goldnen Glanz.

11. Im November, im November,
da ist es naß und kalt.
Der Jäger mit der Büchse knallt,
und der Winter kommt jetzt bald.
Im November, im November,
da ist es naß und kalt.

12. Dezemberzeit ist Weihnachtszeit,
es kommt der Nikolaus.
Sein Schlitten hält vor jedem Haus,
er holt auch für dich was raus.
Dezemberzeit ist Weihnachtszeit,
es kommt der Nikolaus.

Anmerkungen
Eigene Ideen
Notizen

Aus:
Volker Rosin,
„Das ist meine Welt" –
Neue Lieder für
Kinder von 3 – 10.
Don Bosco Verlag,
München 1990/2. Aufl.

Anmerkungen
Eigene Ideen
Notizen

Kreisspiel

Wo tickt der Wecker?

Wir brauchen dazu einen großen Wecker, der laut tickt. Er wird so eingestellt, daß er, je nach Bedarf, nach drei bis fünf Minuten läutet.
Ein Kind geht vor die Tür, ein anderes versteckt den Wecker im Zimmer. Auf ein Zeichen, z. B. Klatschen, kommt das Kind herein und sucht den Wecker. Das Kind sollte den Wecker finden, bevor er läutet.

Spielvariation mit einem kleinen Wecker:
Ein Kind geht vor die Tür, ein anderes Kind im Stuhlkreis darf den Wecker bei sich verstecken. Auf ein Zeichen kommt das Kind herein und hört bzw. sucht, bei welchem Kind der Wecker versteckt ist.

Manuelles Gestalten

Basteln

Wochenkalender
Wir basteln einen Wochenkalender für unseren Gruppenraum.

Jahreskalender
Wir basteln Jahreskalender (z. B. als Weihnachtsgeschenk für die Eltern). Im Handel sind hierfür Kalender zum Selbstgestalten mit 12 Blättern und immerwährendem Kalendarium erhältlich.
Auf jedem Monatsblatt wird etwas, für diesen Typisches, dargestellt. Dabei lassen sich gut unterschiedliche Techniken und Materialien an- und verwenden.
Da dies eine langwierige und aufwendige Arbeit ist, sollte damit rechtzeitig begonnen werde. Eventuell gleich zu Beginn eines Jahres. So kann man Monat für Monat das dazu gehörende Blatt ausgestalten.

Zu Jahreskalender: Die Kinder Vorschläge zur Ausgestaltung machen lassen.

Was das Jahr über alles war – Kalender
Er besteht aus 12 Kinderschuhschachteln, die wir neben- und übereinander (z. B. immer ein Quartal in eine Reihe) kleben und die mit den Ziffern 1 bis 12 gekennzeichnet sind.
In jede Schachtel kommt nun im Verlauf des Jahres etwas, das uns an den jeweiligen Monat erinnern soll.
Dies kann z. B. ein Mitbringsel von einem Spaziergang (Stein, Muschel, Tannenzapfen, Feder . . .), ein Bild von einem bestimmten Erlebnis (gemalt oder fotografiert), ein Erinnerungsstück von einem Fest (Luftschlangen, Kerze, Kreppband, Laterne, Nikolaus . . .) usw. sein.

Armbanduhr
Material: Pappe, Buntstifte, Wollfaden.
Aus der Pappe schneiden wir das Armband und das Zifferblatt aus, kleben sie zusammen und malen mit Buntstiften die Ziffern und Zeiger auf. Am Ende des Armbandstreifens bringen wir je einen Wollfaden an, mit dem wir die Uhr zusammenbinden können.

Glocken basteln
Wir basteln Glocken aus Blumen-Tontöpfen; siehe Heft 4, Seite 44 („Osterglocken“).

Papptelleruhr
Material: Pappteller oder Pappscheibe als Zifferblatt, farbige Pappe für die Zeiger, Musterklammer zum Anbringen der Zeiger,Buntstifte oder ausgeschnittene Zahlen.
Aus den genannten Materialien basteln wir uns eine Uhr. Die Ziffern können entweder mit Buntstiften aufgemalt werden, oder wir schneiden aus Zeitschriften/Abreißkalendern Zahlen aus, die wir auf das Zifferblatt kleben.

Malen

Mit verschiedenen Farben malen wir:

Eine Turmuhr.

Bilder aus unserem Tagesablauf.

Bilder von den Wochentagen, was wir an ihnen tun.

Bilder von den einzelnen Monaten, was typisch für sie ist.

Solche Bilder, nach Tagen oder Monaten geordnet und im Gruppenraum aufgehängt, werden zu einem Wochen- bzw. Jahreskalender.

Religiöse Erziehung

Unser Freund heißt Jesus Christ

Text: Rolf Krenzer/Melodie: Inge Lotz

Aus:
„100 einfache Lieder Religion“, Verlag Ernst Kaufmann, Lahr u. Kösel-Verlag, München

Refrain:
Unser Freund heißt Jesus Christ,
weil er immer bei uns ist.
Montag, Dienstag, Mittwoch,
Donnerstag und Freitag, ja,
Samstag und dann Sonntag.
Immer ist er da!

2. Wenn wir einmal traurig sind,
drückt uns unser Schuh,
beten wir zu unserm Herrn,
und er hört uns zu.

3. War der Tag voll Sonnenschein,
Freude immerzu,
beten wir zu unserm Herrn,
und er hört uns zu.

4. Wenn wir alle Freunde sind,
fällt es uns nicht schwer:
Ich helf dir und du hilfst mir.
So will's unser Herr.

Weiteres Lied:
„Halte zu mir, guter Gott“.
siehe Heft 1, Seite 13.

Anmerkungen
Eigene Ideen
Notizen

Auf dem Bauernhof

Information

● Früher waren die meisten Menschen, die auf dem Land lebten, Bauern. Im Bauernhaus lebten Menschen und Tiere unter einem Dach. Im Zentrum des Hauses, der großen Diele, stand der Küchenherd, der auch die angrenzende Stube heizte. Die Kammern (Schlafräume) waren meist unbeheizt. Ein Badezimmer gab es nicht. Wasser hatte man nur draußen am Brunnen. Von der Diele aus kam man direkt in die Ställe der Pferde, Kühe und Schweine. Die Hühner liefen frei im Haus herum. Unter dem Dach war der Heuboden.
Die Bauern waren Selbstversorger. Fast alles, was sie zum Leben brauchten, stellten sie selbst her: Brot, Wurst, Butter, Käse, Kleidung und Werkzeug. Sie hatten Kartoffeln, Gemüse und Obst.
Ihre Tage waren angefüllt mit Arbeit. Alle mußten mitanpacken: die Eltern, die Großeltern und die Kinder. Auch hatte man Knechte und Mägde, die auf dem Hof arbeiteten und lebten.
Pferde und Ochsen dienten als Zugtiere. Maschinen gab es nur wenige. Das Land, das den Bauern zur Verfügung stand, war oftmals in kleine Parzellen eingeteilt. Diese ergaben sich einerseits zwangsläufig aus der landwirtschaftlichen Struktur, andererseits kamen sie durch Erbteilung zustande.

● Heute leben die Menschen und Tiere meist nicht mehr unter einem Dach. Zu einem Bauernhaus gehören jetzt oft mehrere Gebäude: das Wohnhaus, der Stall, der Geräte- bzw. Maschinenschuppen, die Scheune . . .
Heute sind die Bauern auch keine kompletten Selbstversorger mehr. Sie haben sich spezialisiert auf Obst- und Gemüseanbau, Getreideanbau, Weinbau, Milchwirtschaft und Viehzucht.
Was man nicht selbst erzeugt, wird beim Nachbarn oder im Laden eingekauft.

● Es gibt auch viele Nebenerwerbs-Landwirtschaften. D. h. beispielsweise, daß der Vater tagsüber in der Fabrik arbeitet und seine Frau mit den Eltern den Großteil der Hofarbeit erledigt. Wenn der Mann von der Arbeit kommt, arbeitet er auf dem Hof mit. Seinen Urlaub nimmt er in der Erntezeit. Dies tut er, weil sein Hof zu klein ist, um seine Familie von dessen Ertrag zu ernähren.

● Den Bauern steht heute eine Vielfalt von Maschinen zur Verfügung, die ihnen die Arbeit erleichtern. Sie helfen beim Eggen, Pflügen, Aussäen, Ernten . . .

● Um die Felder besser wirtschaftlich nutzen zu können, d. h. Anfahrtswege zu sparen und größere Flächen auf einmal mit modernen Maschinen zu bewirtschaften, kam es zur Flurbereinigung. Dabei wurden oftmals gewachsene landwirtschaftliche Strukturen zum Nachteil der Natur zerstört. Als Folge waren die Felder schutzlos den Naturgewalten ausgeliefert, und vielen Nützlingen war der Lebensraum entzogen.
Heute werden wieder Bäume und Windschutzhecken gepflanzt, Feldgehölze und Feuchtgebiete geschützt. Nur so läßt sich eine artenreiche Tier- und Pflanzenwelt erhalten.

● Lebewesenvielfalt und natürliches Gleichgewicht sind auch die Voraussetzungen für den biologisch-dynamischen Anbau, dem sich die Öko-Bauern zuwenden. Sie versuchen, ihren Obst-, Gemüse- und Getreideanbau ohne synthetische Dünger, chemische Pflanzenschutzmittel und Schädlingsbekämpfungsmittel zu betreiben. Sie haben keine Monokulturen, sondern pflanzen z. B. verschiedene Gemüsearten zusammen an, da sich bestimmte Pflanzen ge-

Anmerkungen
Eigene Ideen
Notizen

genseitig in ihrem Wachstum begünstigen und Schädlinge voneinander abhalten. Um Nützlinge gezielt einzusetzen, werden Blumenstreifen gepflanzt. Damit dem Boden nicht einseitig Nährstoffe entzogen werden, der Schädlings- und Unkrautbefall vermieden und ihm wieder Zeit zur Erholung gegeben wird, hält man beim Anbau eine bestimmte Fruchtfolge ein z. B.: Getreide – Ackerfrucht – Brachland.
Bei der Viehzucht werden kleine Stückzahlen gehalten. Je nach Jahreszeit haben diese ihren Aufenthalt im Freien.

- Was heute noch genauso wie früher für den Bauern gilt, ist, daß es für ihn keine freien Sonn- und Feiertage gibt. Die Kühe müssen auch am Wochenende gemolken, das Gemüse bei Trockenheit auch am Wochenende gegossen werden.
Außerdem ist sein Beruf immer vom Wetter und den Jahreszeiten abhängig.

Gespräche

Die Bauern sorgen für unsere Ernährung. Sie erzeugen, was wir zum Leben brauchen.
Sie pflanzen Getreide an, damit wir Brot, Kuchen, Nudeln, Grieß, Müsli . . . haben und damit die Tiere gefüttert werden können.
Sie bauen Gemüse und Obst an, damit wir Spinat, Blumenkohl, Sauerkraut, Kartoffelbrei, Salat, Äpfel, Pflaumen, Kirschen . . . essen können.
Sie halten Vieh, damit wir einerseits Milch, Butter, Käse, Joghurt, Eier, Fleisch, Wurst . . . haben und damit wir andererseits Pullover aus Wolle und Schuhe aus Leder tragen können.

Über den Bauernhof und die Arbeit des Bauern:

- Was für Tiere es auf dem Bauernhof gibt, wie sie leben, wie und wozu sie gehalten werden.
- Was für Getreide, Gemüse und Obst der Bauer anbaut, und wozu wir es verwenden.
- Was für Gebäude zum Bauernhof gehören und wozu man sie braucht.
- Was für Geräte und Maschinen der Bauer hat und wozu er sie verwendet.
- Welche Arbeiten der Bauer in welcher Jahreszeit zu tun hat.

Wir reden speziell über die Art der Landwirtschaft, die der Bauer betreibt, den wir besuchen möchten.

Ausgang

Wir besuchen einen Bauernhof (Öko-Bauernhof).
Wir unternehmen Spaziergänge in dessen Umgebung.

Bilderbücher

„Ein Tag auf dem Bauernhof"
von Uta Schmitt/Gunter Steinbach. Ravensburger

„Florian und der Traktor Max"
von Binette Schroeder. Nod-Süd-Verlag

„Bei uns im Dorf"
von Ali Mitgutsch. Ravensburger

„Wir leben rund um Haus und Hof"
von Susanne Riha. Annette Betz-Verlag

„Das Bilderbuch vom Bauernhof"
von Thea Leitner/Vladimir. Annette Betz-Verlag

„Ferien auf dem Bauernhof"
von Thea Leitner/Maria de Posz. Annette Betz-Verlag

„Wie ist es auf dem Bauernhof"
von Wolfgang de Haën. Ravensburger

„Onkel Gustavs Bauernhof"
von Judy Dunn/Phoebe Dunn. Carlsen Verlag

„Ich bin die kleine Bäuerin"
von Dick Swayne/Val Williams. Kinderbuchverlag Reich/Luzern

„Sei schön still, Rosa!"
von Benedict Blathwayt. Verlag Sauerländer

„Mutter Henne"
von Edda Reinl. Verlag Neugebauer Press

„Krähverbot für Kasimir"
Ursel Scheffler/Silke Brix-Henker. Annette Betz Verlag

„Der Zirkus auf dem Bauernhof"
von Judith Steinbacher/Ole Schultheis. ars edition

„Besuch auf dem Bauernhof"
von Ina und Walter Etschmann. Lappan Verlag

„Theo auf dem Bauernhof"
von Violeta Denou. Pestalozzi Verlag

„Kindertage"
Drei Kinder erzählen ihren Alltag auf dem Land und in der Stadt von Thomas Klinger/Hans Albrecht Lusznat. Ravensburger

Sachbücher

Aus der Reihe: **„Das Buch der Tierfamilien"**
Kinderbuchverlag Luzern

„Schweine"
von Annemarie und Christian R. Schmidt

„Pferde"
von Hans D. Dossenbach

Aus der Reihe: **„Guck mal . . ."**
Kosmos

„Karlo, das Küken"

Aus der Reihe: **„Meyers kleine Kinderbibliothek"**

„Das Ei"
von René Mettler/Pascale de Bourgoing. Meyers Lexikonverlag

Aus der Reihe: **„Das Leben auf dem Bauernhof"**
von Gunilla Ingves. Carlsen Verlag

„Unsere Kühe"
„Unsere Hühner"
„Unsere Schafe"
„Unsere Schweine"

Aus der Reihe: **„Die Welt entdecken"**
Ravensburger

„Das Schwein und seine Verwandten"
von Marie Ferré

„Sanfte Kühe – Wilde Stiere"
von Christine Lazier

„Mein erstes Buch vom Bauernhof"
von Brenda Cook. Schneider Verlag

„Herders großes Bilderlexikon"

Vorlesebuch

„Marita und die Kuh"
von Margret Rettich · Verlag Diesterweg · Sauerländer

Märchen

Die Bremer Stadtmusikanten

Es hatte ein Mann einen Esel, der schon lange Jahre die Säcke unverdrossen zur Mühle getragen hatte, dessen Kräfte aber nun zu Ende gingen, so daß er zur Arbeit immer untauglicher ward. Da dachte der Herr daran, ihn aus dem Futter zu schaffen, aber der Esel merkte, daß kein guter Wind wehte, lief fort und machte sich auf den Weg nach Bremen. Dort, meinte er, könnte er ja Stadtmusikant werden.

Als er ein Weilchen fortgegangen war, fand er einen Jagdhund auf dem Weg liegen, der jappte wie einer, der sich müde gelaufen hat. „Nun, was jappst du so, Packan?" fragte der Esel. – „Ach", sagte der Hund, „weil ich alt bin und jeden Tag schwächer werde, auch auf der Jagd nicht mehr fort kann, hat mich mein Herr totschlagen wollen, da hab' ich Reißaus genommen; aber womit soll ich nun mein Brot verdienen?" –

„Weißt du was?" sprach der Esel, „ich gehe nach Bremen und werde dort Stadtmusikant,

Anmerkungen
Eigene Ideen
Notizen

geh mit und laß dich auch bei der Musik annehmen. Ich spiele die Laute, und du schlägst die Pauken." Der Hund war's zufrieden, und sie gingen weiter.
Es dauerte nicht lange, da saß eine Katze an dem Weg und machte ein Gesicht wie drei Tage Regenwetter. „Nun, was ist dir in die Quere gekommen, alter Bartputzer?" sprach der Esel. – „Wer kann da lustig sein, wenn's einem an den Kragen geht", antwortete die Katze, „weil ich nun zu Jahren komme, meine Zähne stumpf werden und ich lieber hinter dem Ofen sitze und spinne, als nach Mäusen herumjage, hat mich meine Frau ersäufen wollen; ich habe mich zwar noch fortgemacht, aber nun ist guter Rat teuer, wo soll ich hin?" – „Geh mit uns nach Bremen, du verstehst dich doch auf die Nachtmusik, da kannst du ein Stadtmusikant werden." Die Katze hielt das für gut und ging mit.
Darauf kamen die drei Landesflüchtigen an einem Hof vorbei; da saß auf dem Tor der Haushahn und schrie aus Leibeskräften. „Du schreist einem durch Mark und Bein", sprach der Esel, „was hast du vor?" – „Da hab' ich gut Wetter prophezeit", sprach der Hahn, „weil Unserer Lieben Frauen Tag ist, wo sie dem Christkindlein die Hemdchen gewaschen hat und sie trocknen will; aber weil morgen zum Sonntag Gäste kommen, so hat die Hausfrau doch kein Erbarmen und hat der Köchin gesagt, sie wollte mich morgen in der Suppe essen, und da soll ich mir heut abend den Kopf abschneiden lassen. Nun schrei' ich aus vollem Hals, solang ich noch kann." – „Ei was, du Rotkopf", sagte der Esel, „zieh lieber mit uns fort, wir gehen nach Bremen, etwas Besseres als den Tod findest du überall; du hast eine gute Stimme, und wenn wir zusammen musizieren, so muß es eine Art haben." Dem Hahn gefiel das, und sie gingen alle viere zusammen fort.
Sie konnten aber die Stadt Bremen in einem Tag nicht erreichen und kamen abends in einen Wald, wo sie übernachten wollten. Der Esel und der Hund legten sich unter einen großen Baum, die Katze und der Hahn machten sich in die Äste, der Hahn aber flog bis in die Spitze. Ehe er einschlief, sah er sich noch einmal nach allen vier Winden um; da deuchte ihm, er sähe in der Ferne ein Fünkchen brennen, und rief seinen Gesellen zu, es müßte nicht gar weit ein Haus sein; denn es scheine ein Licht. Sprach der Esel: „So müssen wir uns aufmachen und noch hingehen; denn hier ist die Herberge schlecht." Der Hund meinte, ein paar Knochen und etwas Fleisch dran täten ihm auch gut.
Also machten sie sich auf den Weg nach der Gegend, wo das Licht war, und sahen es bald heller schimmern, und es ward immer größer, bis sie vor ein hellerleuchtetes Räuberhaus kamen. Der Esel als der größte näherte sich dem Fenster und schaute hinein. „Was siehst du, Grauschimmel?" fragte der Hahn. „Was ich sehe?" antwortete der Esel, „einen gedeckten Tisch mit schönem Essen und Trinken, und Räuber sitzen daran und lassen's sich wohl sein." – „Das wäre was für uns", sprach der Hahn. „Ja, ja, ach, wären wir da!" sagte der Esel. Da ratschlagten die Tiere, wie sie es anfangen müßten, um die Räuber hinauszujagen, und fanden endlich ein Mittel. Der Esel mußte sich mit den Vorderfüßen auf das Fenster stellen, der Hund auf des Esels Rücken springen, die Katze auf den Hund klettern, und endlich flog der Hahn hinauf und setzte sich der Katze auf den Kopf. Wie das geschehen war, fingen sie auf ein Zeichen insgesamt an, ihre Musik zu machen: Der Esel schrie, der Hund bellte, die Katze miaute, und der Hahn krähte; dann

stürzten sie durch das Fenster in die Stube hinein, daß die Scheiben klirrten. Die Räuber fuhren bei dem entsetzlichen Geschrei in die Höhe, meinten nicht anders, als ein Gespenst käme herein, und flohen in größter Furcht.
Nun setzten sich die vier Gesellen an den Tisch, nahmen mit dem vorlieb, was übriggeblieben war, und aßen, als wenn sie vier Wochen hungen sollten. Wie die vier Spielleute fertig waren, löschten sie das Licht aus und suchten sich eine Schlafstätte, jeder nach seiner Natur und Bequemlichkeit. Der Esel legte sich auf den Mist, der Hund hinter die Tür, die Katze auf den Herd bei der warmen Asche, und der Hahn setzte sich auf den Hahnenbalken. Und weil sie müde waren, schliefen sie auch bald ein.
Als Mitternacht vorbei war und die Räuber von weitem sahen, daß kein Licht mehr im Haus brannte, auch alles ruhig schien, sprach der Hauptmann: „Wir hätten uns doch nicht sollen ins Bockshorn jagen lassen“, und hieß einen hingehen und das Haus untersuchen. Der Abgeschickte fand alles still, ging in die Küche, ein Licht anzuzünden, und weil er die glühenden, feurigen Augen der Katze für lebendige Kohlen ansah, hielt er ein Schwefelhölzchen daran, daß es Feuer fangen sollte. Aber die Katze verstand keinen Spaß, sprang ihm ins Gesicht, spie und kratzte. Da erschrak er gewaltig, lief und wollte zur Hintertür hinaus, aber der Hund, der dalag, sprang auf und biß ihn ins Bein. Und als er über den Hof an dem Miste vorbeirannte, gab ihm der Esel noch einen tüchtigen Schlag mit dem Hinterfuß; der Hahn aber, der vom Lärmen aus dem Schlaf geweckt und munter geworden war, rief vom Balkon herab: „Kikeriki!“ Da lief der Räuber, was er konnte, zu seinem Hauptmann zurück und sprach: „Ach, in dem Haus sitzt eine greuliche Hexe, die hat mich angefaucht und mit ihren langen Fingern mir das Gesicht zerkratzt; und vor der Tür steht ein Mann mit einem Messer, der hat mich ins Bein gestochen; und auf dem Hof liegt ein schwarzes Ungetüm, das hat mit einer Holzkeule auf mich losgeschlagen; und oben auf dem Dache, da sitzt der Richter, der rief: ‚Bringt mir den Schelm her!‘ Da machte ich, daß ich fortkam.“
Von nun an getrauten sich die Räuber nicht weiter in das Haus, den vier Bremer Musikanten gefiel's aber so wohl darin, daß sie nicht wieder heraus wollten. Und der das zuletzt erzählt hat, dem ist der Mund noch warm. *Brüder Grimm*

Geschichten

Der Gockel

Der Jan fand es prima auf dem Bauernhof. Die Wiese mit den Obstbäumen, die große Scheune, in der die Sonnenstrahlen durch die Fugen der Bretter drangen, und der nahe Wald.
Am meisten aber gefielen ihm die Tiere. Die Kühe mit ihrem guten Geruch, die ihn aus langbewimperten Augen neugierig anschauten, und das Pferd, auf dessen Rücken er manchmal sitzen durfte. Mit dem Hund ging er oft spazieren, und die Katzen kannten ihn auch schon. Sie kamen sofort, wenn er nach ihnen rief.
„Paß nur auf mit dem Gockel“, hatte die Bäuerin gesagt.
Und an demselben Tag passierte es auch schon.
Der Gockel war schön. Bunt und stolz schritt er inmitten seiner Hühnerfrauen einher. Aber er war dafür bekannt, daß er leicht zornig wurde. Dabei hatte ihm nie jemand etwas Böses getan. Auch der Jan nicht.
Er rannte nur so um die Ecke, und plötzlich standen sie voreinander, der Jan und der Gockel. Vielleicht hatte der Hahn sich erschreckt. Er spreizte sich zum Kampf und kam auf den Jungen zu.
Der Jan drehte sich auf dem Absatz um und rannte los.
Der Gockel hinterher. Zum Glück war da der Schuppen, wo der große Leiterwagen stand. Da hinauf rettete sich der Jan.
Wenn er bloß nicht rauf kommt, dachte er, während er oben stand und noch ganz atemlos war.
Denn ein bißchen fliegen können die Hähne ja auch. Aber der Gockel blieb unten. Zornig stand er dort, den Kopf zur Seite gewandt, so daß er den Jungen mit einem Auge ansehen konnte. Scharf und böse, wie es dem Jan erschien.

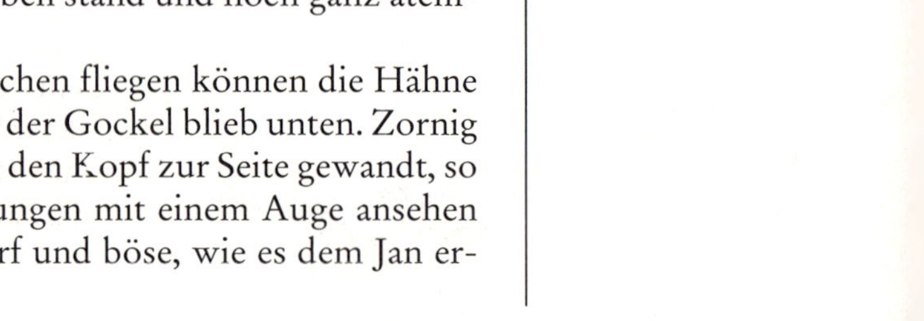

Anmerkungen
Eigene Ideen
Notizen

Aus:
Gina Ruck-Pauquèt,
„Leselöwen – Tiergeschichten“,
Loewes Verlag, Bindlach
Rechte bei der Autorin

Anmerkungen
Eigene Ideen
Notizen

Zuerst blieb er ganz still und vermied es, eine Bewegung zu machen. Der Hahn starrte ihn jetzt mit dem anderen Auge an.
Wenn doch nur einer käme! dachte der Jan. Ich kann doch hier nicht über Nacht bleiben! Warum vermißt mich denn niemand?
Schließlich mußte er sich bewegen, weil ihm die Beine so weh taten, daß er es nicht mehr aushalten konnte. Der Hahn zuckte zusammen und nahm seine Kampfhaltung wieder an.
„Die anderen Tiere sind nicht so gemein", sagte der Jan da zu dem Gockel.
Guckte der jetzt anders, guckte der erstaunt?
„Echt!" sagte der Jan. „Die anderen sind alle nett zu mir."
Der Hahn scharrte mit dem rechten Fuß im Sand. Es sah aus, als ob er verlegen wäre. Jan mußte lachen. Auf dem Wagen lagen noch ein paar Ähren herum..
„Vielleicht sind noch Körner drin", sagte Jan, als er sie neben den Gockel warf. „Da!"
Der Gockel fing an zu picken. Als er nichts mehr fand, blickte er zu dem Jungen empor.
„Ich hab' nichts mehr", sagte der. „Ich komme jetzt runter!" fügte er entschlossen hinzu.
In diesem Augenblick fühlte er sich so verwegen wie nie zuvor. Er würde vom Wagen steigen. Und wer weiß, vielleicht würden der Gockel und er noch Freunde werden. Fingen sie nicht an, einander zu verstehen?
Und ausgerechnet da kam die Bäuerin.
„War er hinter dir her?" fragte sie. „Der Gockel?" Sie klatschte in die Hände, daß der Bunte davonschoß.
„I wo", sagte der Jan, und er ärgerte sich.

Gina Ruck-Pauquèt

Zwei Freunde und ein Schwein

Aus:
Christine Merz, „Was Kinder bewegt",
Buch: Frühling,
Verlag Herder

Mitgehangen – mitgefangen

Reiners Großmutter wohnt draußen auf dem Land. Sie hat einen kleinen Bauernhof mit sieben Hühnern, drei Kühen, der Katze Minni und einem Schwein.
Reiner darf oft zu ihr hinaus fahren und auch schon mal über Nacht dort bleiben. Bei Großmutter gibt es immer etwas zu erleben. Außerdem wohnt dort Wolfgang. Er ist gleich alt wie Reiner, und die beiden spielen immer zusammen, wenn Reiner bei Großmutter zu Besuch ist.
Diesmal darf Reiner fast eine ganze Woche bei der Großmutter bleiben, denn es sind seine letzten Ferien, bevor er in die Schule kommt.
Wolfgang freut sich schon. Mit Reiner kann man gut spielen, und er hat eine Menge Ideen.
Heute ist auch noch das Wetter schön, und so füttern Reiner und Wolfgang zuerst Großmutters Hühner. Sie steigen über den niederen Zaun in den Hühnergarten. Dann streuen sie das Futter hin. „Komm, wir spielen ein wenig Fangen mit ihnen", sagt Reiner und jagt die dicke braune Henne durch den Hühnergarten. Die Henne gackert laut und rennt auf ihren kleinen Füßen immer wieder zurück zum Futter. Sie hat schließlich Hunger.
Reiner und Wolfgang lachen. Es sieht zu lustig aus, wie sich das Huhn so aufregt.
Nach einer Weile klettern Reiner und Wolfgang wieder über den Zaun zurück in den Hof. Sie wollen jetzt zum Schweinestall. Das dicke große Schwein kommt gleich an die Tür gerannt, als die beiden Buben nach ihm sehen wollen. „Uuuhhh, wie das hier stinkt", sagt Reiner, „da muß ich mich erst wieder daran gewöhnen." Reiner entdeckt die Klappe am Stalltürchen. Man kann sie hochziehen und durch das Loch etwas zum Fressen hineintun. Reiner schiebt sie nach oben. Gleich ist das Schwein da und streckt seinen Rüssel hinaus. „Sie denkt, wir bringen ihr was zum Fressen!", lacht Reiner, und dann läßt er die Klappe zufallen. „Ratsch", das Schwein zieht erschrocken die Nase zurück. Und es quiekt ziemlich wütend. Den ganzen Nachmittag spielen Reiner und Wolfgang auf dem kleinen Hof der Großmutter.
Zwischendurch zieht es sie immer wieder in

den Schweinestall, und immer wieder machen sie die Klappe auf und lassen sie zufallen. Das Schwein hat die Klappe schon ein paarmal auf den Rüssel gekriegt und wird immer wütender. Es rennt in seinem Koben hin und her und grunzt dabei laut und ärgerlich.
Da auf einmal – der Riegel von der Stalltür muß sich gelockert haben. Die Tür geht auf, und eine ganz und gar wütende Sau kommt heraus.
Reiner und Wolfgang rennen, was das Zeug hält. Das Schwein immer hinterher. Hinten im Hof steht ein großer Holzstoß. Brennholz für den Winter. Reiner klettert flink hinauf, aber Wolfgang rutscht wieder runter. Die wütende Sau ist schon fast da. Reiner legt sich auf den Bauch, und lehnt sich so weit vor, wie er kann. Er erwischt Wolfgang am Ärmel und zieht und zieht. Gott sei Dank. Er hat es geschafft. Wolfgang sitzt mit ihm oben, und die Sau steht unten und kann nicht rauf. Reiner und Wolfgang ziehen auch lieber noch die Beine hoch. Da guckt die Großmutter aus dem Fenster. „Was ist denn hier los“, fragt sie verwundert, „wer hat denn die Berta rausgelassen!“
Als sie in den Hof kommt, sieht sie die beiden Buben, denen das schlechte Gewissen ins Gesicht geschrieben ist. „Ihr habt sie wohl geärgert, weil sie so wütend ist“, sagt Großmutter und treibt Berta in den Stall zurück.
Im gleichen Moment rutscht der Holzstoß, auf dem Reiner und Wolfgang sitzen zusammen, und die Holzscheite poltern auf den Boden. Die Buben rutschen mit.
Zum Glück ist Berta inzwischen wieder im Stall.
Großmutter nickt zufrieden. „Na, da habt ihr ja jetzt bis zum Abendessen zu tun, den Holzstoß wieder schön aufzustapeln. Und daß ihr mir die Berta nicht nochmal ärgert, ihr zwei Stromer.“
Reiner sieht Wolfgang an: „Haben wir aber nochmal Glück gehabt, daß uns die Sau nicht erwischt hat!“
Und sie fangen zusammen an, den Holzstoß wieder aufzuschichten. *Christine Merz*

Reime

Muh, muh, muh,
so ruft im Stall die Kuh.
Sie gibt uns Milch und Butter,
wir geben ihr das Futter.

Hoppe, hoppe, Reiter,
wenn er fällt, dann schreit er!
Fällt er in den Teich,
find't ihn keiner gleich.
Fällt er in die Hecken,
fressen ihn die Schnecken,
fressen ihn die Müllermücken,
die ihn vorn und hinten zwicken.
Fällt er in den tiefen Schnee,
dann gefällt's ihm nimmermehr,
fällt er in den Graben,
fressen ihn die Raben.
Fällt er in den Sumpf,
macht der Reiter plumps!

Das Huhn und der Karpfen

Auf einer Meierei,
da war einmal ein braves Huhn,
das legte wie die Hühner tun,
an jedem Tag ein Ei.
und kakelte, mirakelte, spektakelte,
als ob's ein Wunder sei!

Es war ein Teich dabei,
darin ein braver Karpfen saß
und stillvergnügt sein Futter fraß,
der hörte das Geschrei:
Wie's kakelte, mirakelte, spektakelte,
als ob's ein Wunder sei!

Da sprach der Karpfen: „Ei!
Alljährlich leg' ich 'ne Million
und rühm' mich des mit keinem Ton.
Wenn ich um jedes Ei
so kakelte, mirakelte, spektakelte –
was gäb's für ein Geschrei!“

Heinrich Seidel

Die fünf Hühnerchen

Ich war mal in dem Dorfe,
da gab es einen Sturm,
da zankten sich fünf Hühnerchen
um einen Regenwurm.
Und als kein Wurm mehr war zu sehn,
da sagten alle: Piep!
Da hatten die fünf Hühnerchen
einander wieder lieb.

Victor Blüthgen

Eine alte, dicke Ente

Eine alte, dicke Ente
Geht nicht gerne schnell.
Ja, sie möchte – wenn sie könnte!
Doch sie ist zu korpulente.
Solche alte, dicke Ente
kommt nicht von der Stell.

Friedrich Hoffmann

Das eigensinnige Schwein

Das Schwein, das Schwein, das steckt so recht
voll Trotz und Eigensinn.
Wohin man's gerne haben möcht,
da will's durchaus nicht hin.
Drum, soll es vorwärts, zieht man fein
am Schwänzlein es zurück;
und daß ein Schwänzlein ist am Schwein,
das ist ein wahres Glück!

Johannes Trojan

Die Wohnung der Maus

Ich frag die Maus:
Wo ist dein Haus?
Die Maus darauf erwidert mir:
Sag's nicht der Katz, so sag' ich's dir.
Treppauf, treppab,
erst rechts, dann links,
dann wieder rechts,
und dann gradaus –
da ist mein Haus,
du wirst es schon erblicken!
Die Tür ist klein,
und trittst du ein,
vergiß nicht, dich zu bücken.

Johannes Trojan

Abzählreime

Ich und du,
Pferd und Kuh,
Katz und Maus,
und du bist drauß'!

*

Ene mene mockel,
ein Ochse ist kein Gockel,
ein Gockel keine Maus,
und du bist drauß'!

*

1, 2, 3, 4, 5, 6, 7, 8, 9,
wie hoch ist die Scheun'?
Wie hoch ist das Haus?
Du darfst raus.

Anmerkungen
Eigene Ideen
Notizen

Zungenbrecher

Die Katze tritt die Treppe krumm.

Trostvers

Heile, heile Kätzchen,
s' Kätzchen hat vier Tätzchen
und einen langen Schwanz.
Morgen ist alles wieder ganz!

Rätsel

Sie schleicht auf leisen Sohlen,
die Augen glühn wie Kohlen.
Wir haben sie gern in unserm Haus,
am meisten fürchtet sie die Maus. (Katze)

*

Es sieht aus wie eine Katz
und maust wie eine Katz,
hat einen Kopf wie eine Katz
und einen Schwanz wie eine Katz,
und ist doch keine Katz.
Wer ist das? (Kater)

*

Ich kenne ein Tier, das wiehert laut. (Pferd)
Ich kenne ein Tier, das muht laut. (Kuh)
Ich kenne ein Tier, das bellt laut. (Hund)
Ich kenne ein Tier, das meckert laut. (Ziege)
Ich kenne ein Tier, das blökt laut. (Schaf)
Ich kenne ein Tier, das grunzt laut. (Schwein)
Ich kenne ein Tier, das gackert laut. (Henne)
Ich kenne ein Tier, das kräht laut. (Hahn)
Ich kenne ein Tier, das schnattert laut. (Gans)
Ich kenne ein Tier, das miaut leise. (Katze)
Ich kenne ein Tier, das piepst leise. (Maus)

Ich wohn' im Keller und im Speicher,
der Bauer wird durch mich nicht reicher.
Ich nähre mich von Korn und Speck,
doch seh ich Menschen, husch ich weg.
Am meisten fürchte ich die Katzen
mit ihren scharfen, spitzen Tatzen.
Vielleicht wohn' ich auch in deinem Haus,
ich bin die kleine graue ... (Maus)

*

Witschel, watschel geht es über die Brücken
und trägt das Federbett auf dem Rücken.
(Gans/Ente)

*

Bin der Herr von Tippen-Tappen,
trag' ein Kleid von bunten Lappen,
auf dem Kopfe roten Putz,
kratze gerne in dem Schmutz,
hab' auch einen Sporn dazu,
aber leider keine Schuh. (Hahn)

*

Es läuft im Galopp
und läuft im Trab,
und manchmal wirft's
den Reiter ab. (Pferd)

*

Welches Tier gibt Fleisch und Würste?
(Schwein)

*

Auf leisen Sohlen schleicht sie sacht,
die Maus nimmt sich vor ihr in acht. (Katze)

*

Es grunzt und grunzt in einem fort,
bald wühlt es hier, bald wühlt es dort,
es frißt tagaus, es frißt tagein
den Abfall auf – es ist das ... (Schwein)

*

Bewacht das Haus, bewacht den Stall,
sein Bellen hört man überall. (Hund)

Sonne, Mond und Sterne

Gespräche

Beobachtungen

Ausgang

Experiment

Bilderbücher/Sachbücher

Geschichten

Auf dem Bauernhof

Gespräche

Ausgang

Bilderbücher/Sachbücher

Märchen

Geschichten

Zungenbrecher

Reime/Abzählreime

Wie viele Tage hat die Woche – wie viele Monate das Jahr?

Bilderbücher/Sachbücher

Reime

Geschichte

Gespräche

Ausgang

Rätsel

Lieder

Kreisspiel

Manuelles Gestalten

Religiöse Erziehung

Fingerspiele

Singspiel

Spielturnen

Manuelles Gestalten

Religiöse Erziehung

Reime/Abzählreime

Fingerspiel

Rätsel

Lieder

Manuelles Gestalten

Religiöse Erziehung

Anmerkungen
Eigene Ideen
Notizen

Vorn wie eine Gabel,
in der Mitte wie ein Faß,
hinten wie ein Besen,
rate, wer ist das? (Kuh)

*

Mit großer Kraft zieht er den Wagen,
der voll mit Mist ist beladen. (Traktor)

Katzen können Mäuse fangen,
haben Krallen wie die Zangen,
kriechen über Boden und Dächer
und manchmal auch in Mauselöcher.
Mäuslein stehlen, naschen Speck,
sehn die Katz' nicht im Versteck.
Leise, leise kommt die Katze –
fängt die Maus mit einem Satze.

*

Seht, hier ist ein Hühnerstall,
drinnen sind die Hühner all.
Vater Hahn, der stolze Mann,
schreitet ihnen stets voran.
Ruft am Morgen in der Früh
froh sein lautes Kikeriki!
In der Ecke ganz allein
spielen heut' die Küken klein.
Rufen immer: Piep, piep, piep!
Laufen zu der Mutter lieb.
Picken bei dem schnellen Lauf
viele kleine Körner auf.
Doch der Abend kommt heran,
alle Küken kommen an.
Unter Mutters Flügelein
schlafen sie in Frieden ein.

*

Schweinchen Fett und Schweinchen Dick
bleiben heut' allein zurück.
Hinterm Tore warten sie
auf ihr Futter – satt sind sie nie!
Schweinchen Fett und Schweinchen Dick
recken sich ein ganzes Stück
hinterm Tore in die Höh'.
Noch kein Futter da, o weh!
Schweinchen Fett und Schweinchen Dick
ziehen traurig sich zurück.
Doch da öffnet sich das Tor
und sie rennen schnell hervor,
laufen schnell zum Troge hin.
Plumps, da liegen beide drin.

*

Eins, zwei, drei, vier,
vier Kaninchen haben wir.
Alle vier sind Schecken,
weiß mit schwarzen Flecken.
Eins hat sieben Kinderlein.
Schaut mal in den Stall hinein.

Fingerspiele

Linke Hand, das ist der Stall,
rechte sind die Tierlein all.
Dieses dicke Däumelein
ist ein kleines, fettes Schwein.
Zeigefinger ist das Pferd,
von dem Reiter hochbegehrt.
Mittelfinger ist die braune Kuh,
die schreit immer muh, muh, muh.
Ringfinger ist der Ziegenbock
mit dem langen Zottelrock.
Und das kleine Fingerlein
soll mein kleines Schäflein sein.
Alle laufen im Galopp
über Stock und über Stein.
Laufen in den Stall hinein,
denn es bricht die Nacht herein.

*

Fünf Hündchen hat der Hans.
Eins wedelt mit dem Schwanz.
Eins, das geht wackel, wackel,
das ist des Hänschens Dackel.
Eins ist der Spitz, der brave,
der hütet schon die Schafe.
Eins hält in dunkler Nacht
vor unserm Hause Wacht.
Und eins, das ganz, ganz kleine,
führt Hänschen an der Leine.

Anmerkungen
Eigene Ideen
Notizen

Lieder

Suse, liebe Suse, was raschelt im Stroh?

Volksweise

Guter alter Schimmel

Melodie: Aus Norwegen/Textübertragung: Barbara Heuschober

2. Ach die steilen Hügel und die braune stein'ge Heid.
Ja, der Weg war schwer und weit, du guter alter Schimmel.

3. Vater kam nach Hause, zog sofort den Mantel aus,
du kannst aus deinem nicht heraus, du guter alter Schimmel.

4. Schimmel, sollst jetzt schlafen, hast heut keine Mühe mehr;
gibt das schwere Zaumzeug her, du guter alter Schimmel.

Aus:
Gottfried Wolters,
„Das singende
Jahr“,
© Möseler Verlag,
Wolfenbüttel

Anmerkungen
Eigene Ideen
Notizen

5. Wenn du dann im Stall bist, kommt der kleine Knabe schnell,
streichelt dir das weiße Fell, du guter alter Schimmel.

6. Vater läßt dir sagen, morgen brauchst du nichts zu tun,
darfst den ganzen Tag nur ruhn, du guter alter Schimmel.

Auf dem Bauernhof

Aus England

2. Onkel Jörg hat einen Bauernhof, heia, heia, ho.
Und da laufen ein paar Gänse rum, heia, heia, ho.
Es macht ga-gak hier,
es macht ga-gak da,
ga-gak hier, ga-gak da, ga-gak überall.

3. . . . Schweine . . . oi.oi . . .

4. . . . Ziegen . . . mek-mek . . .

5. . . . Kühe . . . muh-muh . . .

Anmerkungen
Eigene Ideen
Notizen

Schweinelied

Text F. Vahle/Musik: Trad.

© AKTIVE MUSIK
Verlagsges.,
Dortmund

2. Und eins war dabei, dem gefiel das nicht,
den ganzen Tag nur Gequiek.
Wann machen wir endlich mal: Chrrum, Chrrum, Chrrum,
nicht immer nur: Wiewiewie.

3. Da übten sie alle das Chrrum, Chrrum, Chrrum,
und was war nach einem Vierteljahr?
Da konnten sie alle das Chrrum, Chrrum, Chrrum
ganz wunderwunderbar.

4. Der Bauer kratzte sich am Kopp:
Verflixtes Borstenvieh!
Jetzt machen die Ferkel schon Chrrum, Chrrum, Chrrum,
wo bleibt nur das Wiewiewie?

5. Doch als der Metzger Meier kam,
da riefen die Schweine: „O weh,
was nützt uns jetzt dieses Chrrum, Chrrum, Chrrum?
Wie schön war das Wiewiewie!"

... und zehn rosa Ferkel hat sie.

Singspiel

Die Bremer Stadtmusikanten

Text und Melodie: Hans Poser

Aus:
Hans Poser,
„Märchenlieder
für Kinder",
Fidula Verlag,
Boppard/Rhein
u. Salzburg

Esel 2. Muß mich plagen, Säcke tragen
und darf niemals müßig sein,
doch in Bremen soll das Leben lustig sein.

Hund 3. Muß stets bellen, Räuber stellen
und darf niemals schläfrig sein,
doch . . .

Katze 4. Muß mich plagen, 's Mäuslein jagen,
und wär es auch noch so klein,
doch . . .

Hahn 5. Muß mich schinden und verkünden
schon den ersten Sonnenschein,
doch . . .

6. *wie 1:*

Manuelles Gestalten

Formen

Tonente/ Tonmaus

Material: Ton

Aus Ton formen wir Enten/Mäuse.
Nach ca. einer Woche Trockenzeit können die Enten/Mäuse gebrannt werden.
Bei Mäusen wird noch nach dem Brennen ein Wollfaden als Schwanz angeklebt.

Haustiere

Material: Modelliermasse

Aus Modelliermasse formen wir Tiere, die auf dem Bauernhof leben.

Basteln

Maus

Material: Walnußschalen, Wolle für den Schwanz und den Schnurrbart, Farben zum Aufmalen der Augen.

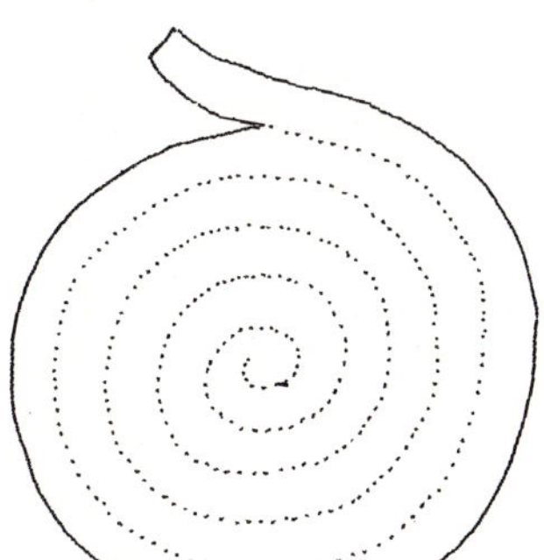

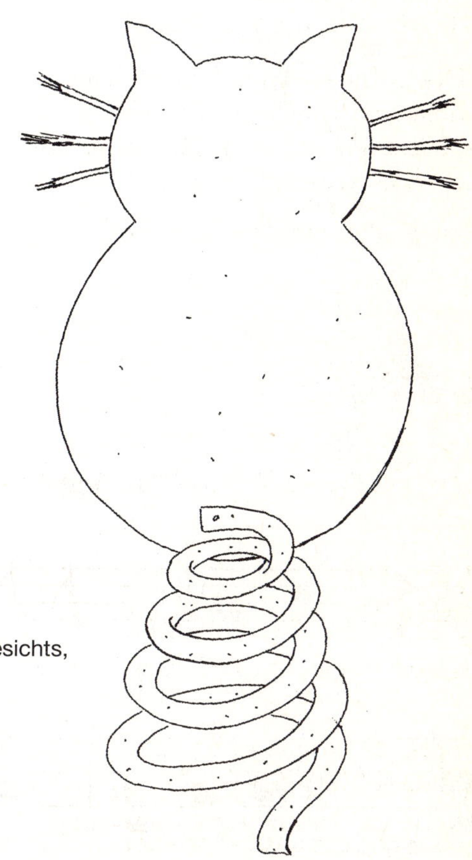

Katze

Material: Tonpapier,
Farben zum Aufmalen des Gesichts,
Faden zum Aufhängen.

Schaf

Material: Pappe für die Schablone, ungesponnene Naturwolle, Buntstifte zum Aufmalen der Augen.

Zwei Schablonen werden aneinandergeklebt. An den Füßen läßt man einen Spalt offen, der später zum Stand nach außen gebogen wird. Die Ohren werden angeklebt und das ganze Schaf mit Wolle beklebt. Zum Schluß werden die Augen aufgemalt.

Bauernhof
Aus Schachteln basteln wir uns die Gebäude für einen Bauernhof. Die Tiere dazu können gefaltet oder aus Knet modelliert werden. Für Futtertröge und Zäune verwenden wir Naturmaterialien.

Bauernhof-Wandbild
Aus Papier schneiden wir Gebäude, Tiere, Fahrzeuge . . . aus und kleben sie auf einen großen Karton.

Mobile

Die Bremer Stadtmusikanten

Material: Tonpapier in verschiedenen Farben, Faden zum Aufhängen.

Kopfschmuck

Die Bremer Stadtmusikanten

Material: Pappe,
Buntpapier zum Bekleben
oder Farben
zum Bemalen.

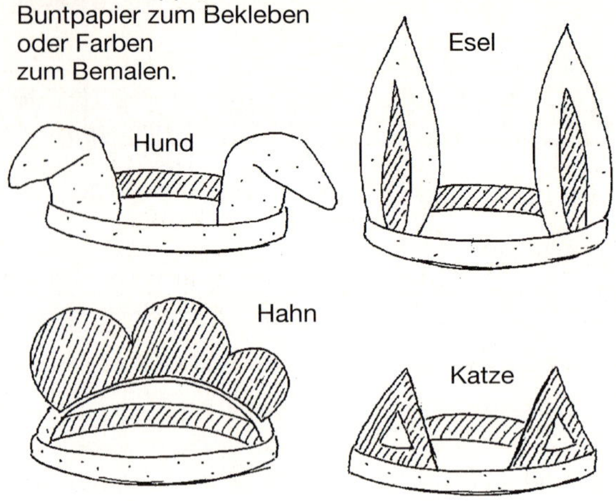

Masken

Die Bremer Stadtmusikanten

Material: Papiertüten oder Schachteln, Tonpapier, Buntpapier und Farben zum Ausgestalten.

Schwein

Material: Einen runden, fest aufgeblasenen und gut zugebundenen Luftballon, Makulatur, Kleister, Eierkarton, rosa Farbe zum Bemalen, Pfeifenputzer.

Das Makulaturpapier in kleine Stücke reißen oder schneiden. Die Eierkartons in Stücke schneiden, jeweils um die Vertiefung herum. Papierstücke auf den mit Kleister eingestrichenen Ballon kleben, bunt durcheinander, bis der Ballon rundum bedeckt ist (mehrere Schichten).
Mit den Papierstücken einen Teil des Eierkartons als Schnauze und vier Teile als Füße ankleben. Gut trocknen lassen. Nachdem das Schwein angemalt ist, wird das Gesicht aufgemalt und der Schwanz (Pfeifenputzer) befestigt.

Anmerkungen
Eigene Ideen
Notizen

Nicht alle Kinder mögen Masken über dem Gesicht. Für sie ist dieser Kopfschmuck besser geeignet.

Die Schnauze kann auch aus einem Schuhkarton und die Füße aus Astholz (Birke) gefertigt werden.

Anmerkungen
Eigene Ideen
Notizen

Falten

Schwein

- - - - - - - - - - - -
jeweils vorausgegangene Form

....
zeigt Knickfalten

1.

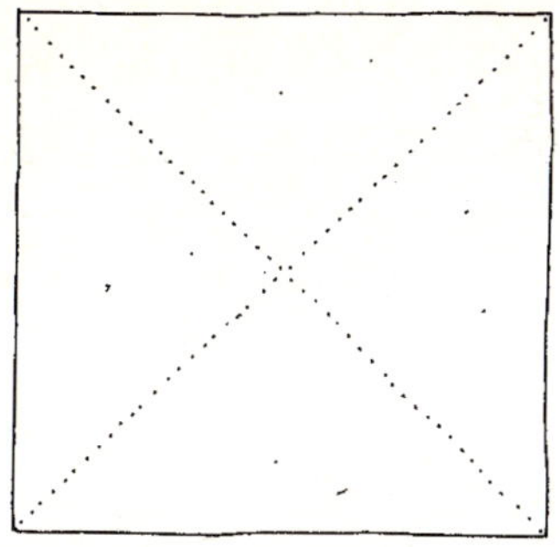

2.

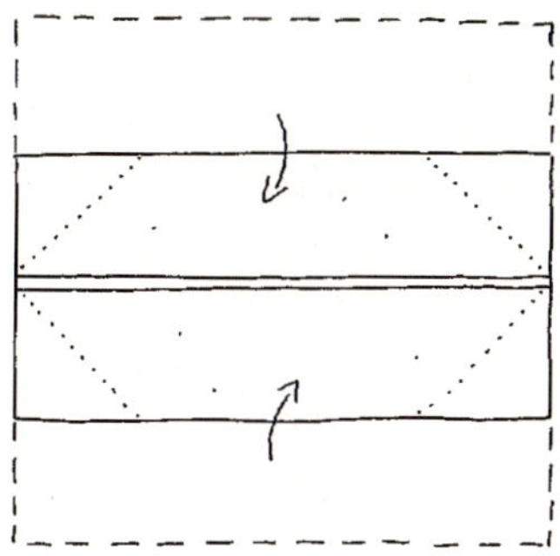

3.

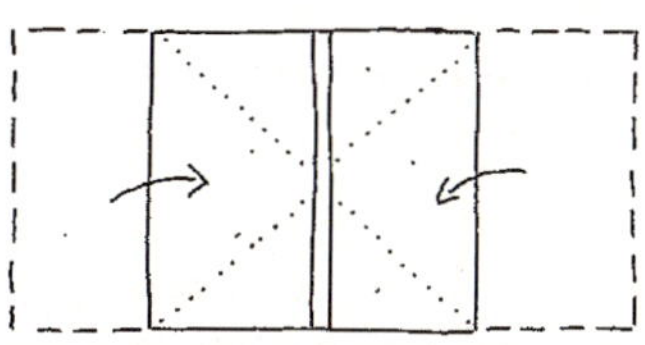

4.

Spitzen vom oberen Papier zum Mittelkreuz ziehen.

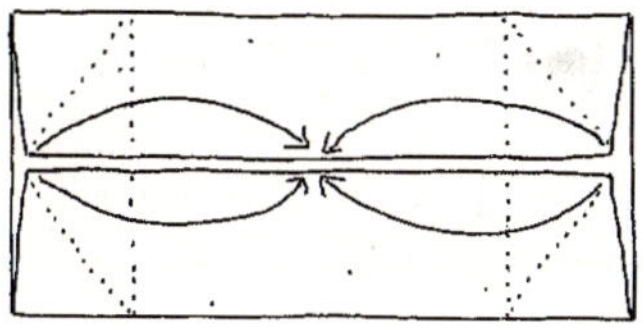

5.

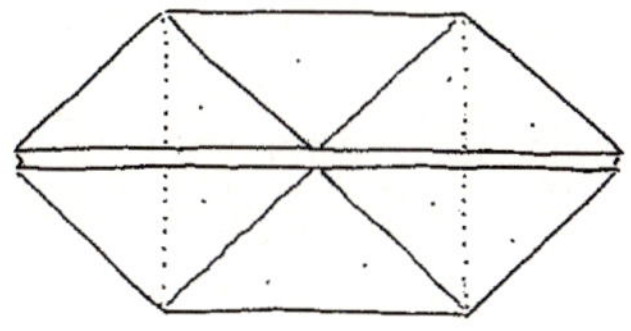

6.

Auf Rückseite drehen und untere Hälfte nach oben falten.

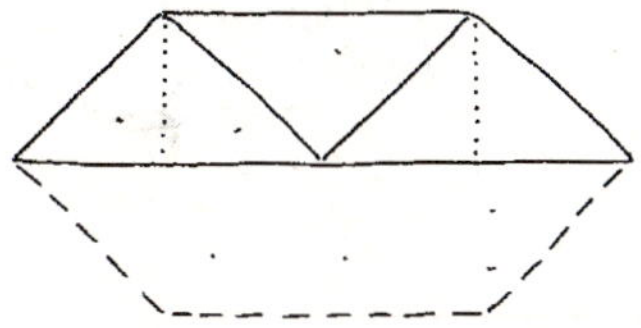

7.

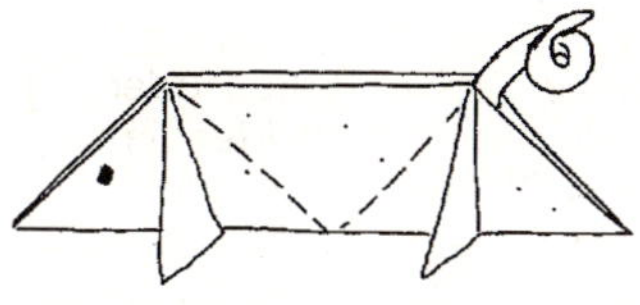

8.

Schnauze und Schwanz formen.

Malen

Tiere auf dem Bauernhof

Der Bauer bei der Feldarbeit

Spielturnen

Rhythmik

Wir ahmen verschiedene Tierstimmen und -bewegungen nach.
So spielen wir z. B. **Katzen,** die umherschleichen, ganz vorsichtig eine Pfote vor die andere setzen – sich recken und strecken – unter einem Zaun (Turnbank) durchschlüpfen – auf einer Mauer (auf der Turnbank) entlangschleichen . . .

Singspiel

„Wollt ihr wissen wie der Bauer“, siehe Heft 6, Seite 42.

Kreisspiel

Wulle, wulle Gänschen“, siehe Heft 3, Seite 11.

Religiöse Erziehung

Tierliebe – Achtung vor dem Leben – Richtige Tierhaltung. Umweltschonender Obst-, Gemüse- und Getreideanbau.

Das Gleichnis vom verlorenen Schaf
Matthäusevangelium 18, 12–14

Bilderbuch: „Geschichten vom Bruder Franz“
von Lene Mayer-Skumanz/Alicia Sancha. Verlag St. Gabriel

Anmerkungen
Eigene Ideen
Notizen

Sonne, Mond und Sterne

Information

● Sonne

Die Sonne ist eine unvorstellbar große, glühende Gaskugel, die uns mit ihren Licht- und Wärmestrahlen überschüttet und uns somit die Energie liefert, die wir für das Leben auf der Erde brauchen. Sie ist das Zentralgestirn unseres Sonnensystems. Die scheinbare Bewegung der Sonne am Himmel wird durch die Rotation der Erde verursacht, die sich um ihre Achse dreht und so den Wechsel von Tag und Nacht hervorruft.
Unsere Sonne ist eine von 100 Milliarden Fixsternen in unserem Milchstraßensystem. Sie rotiert mit ihren Planeten und deren Monden um dieses. Wenn die Sonne am Himmel aufgeht und es Tag wird, ist es so hell, daß wir alle anderen Sterne, die auch tagsüber da sind, nicht mehr sehen.
Das Licht braucht für seinen Weg von der Sonne bis zu uns auf die Erde acht Minuten.
Das Licht des Sterns, der unserer Erde nach der Sonne am nächsten steht, braucht hingegen schon vier Jahre.
Die Sonne ist so groß, daß, wenn man die Erde in ihre Mitte setzen würde, die Umlaufbahn des Mondes noch innerhalb der Sonne Platz hätte.

● Mond

Der Mond bewegt sich um die Erde. Er ist ihr Begleiter, auch Satellit oder Trabant genannt, und erhält sein Licht von der Sonne, das er wieder zurückstrahlt.
Daher erscheint er in verschiedenen Mondphasen. Wenn der Mond zwischen Erde und Sonne steht, so ist seine unbeleuchtete Seite der Erde zugewandt. Es ist Neumond, und wir können den Mond nicht sehen. Danach wird am rechten Rand eine schmale Mondsichel sichtbar, und man spricht vom zunehmenden Mond. Nach dem zunehmenden Halbmond kommt der Vollmond. Jetzt befindet sich die Erde zwischen Sonne und Mond, und somit wird die ganze von der Erde aus sichtbare Mondfläche beleuchtet. Danach nimmt der Mond allmählich wieder ab. Die rechte Seite beginnt sich zu verdunkeln, bis über den abnehmenden Halbmond wieder Neumond folgt. Die unterschiedliche Stellung des Mondes zur Erde ist auch für die Gezeiten der Meere verantwortlich.
1969 besuchten die ersten Menschen den Mond.
Nicht nur die Erde, sondern auch andere Planeten haben einen Mond oder auch mehrere Monde.

● Sterne

Die Sterne, die wir in einer klaren Nacht am Himmel sehen können, sind Leuchtfeuer im All, Sonnen wie unsere Sonne, auch Fixsterne genannt. Manche sind um vieles größer, manche auch kleiner als unsere Sonne.
Mit bloßem Auge können wir rund 2500 erkennen. Mit dem Blick durch ein Fernglas oder Fernrohr steigt die Zahl der nun sichtbaren Sterne an. Es sind nun Hunderttausende bis einige Millionen.
Unsere Milchstraße ist eine Ansammlung von Sternen, so weit von uns entfernt, daß wir sie mit bloßem Auge nur wie ein mattschimmerndes Band wahrnehmen. Alle Sterne, die wir ohne Hilfsmittel sehen können, liegen innerhalb dieses Milchstraßensystems.
Heute weiß man, daß es außer unserem Milchstraßensystem auch noch viele andere Galaxien gibt, in denen ebenfalls Millionen von Sternen angesammelt sind.

Anmerkungen
Eigene Ideen
Notizen

Fixsterne bilden unsere Sternbilder. Einige bekannte sind der Orion, der Große und der Kleine Wagen, die auch Großer und Kleiner Bär genannt werden, usw. Heute benennt man 88 Sternbilder, von denen zwölf besonders geläufig sind. Es sind die Tierkreiszeichen, die sich entlang der Ekliptik durchs Jahr bewegen. Unter Ekliptik versteht man die Bahn, die unsere Sonne im Laufe eines Jahres scheinbar beschreibt. Diese Sternbilder sind: Steinbock, Wassermann, Fische, Widder, Stier, Zwillinge, Krebs, Löwe, Jungfrau, Waage, Skorpion und Schütze.

● Planeten

Die Planeten sind Wandelsterne. Sie leuchten nicht aus eigener Kraft und sind, weil sie sich um die Sonne bewegen, mal in diesem, mal in einem anderen Sternbild zu sehen.
Um unsere Sonne laufen neun Planeten. Dies sind: Merkur, Venus, Erde, Mars, Jupiter, Saturn, Uranus, Neptun und Pluto.
Auch andere Sonnen haben Planeten und Monde, die sie umkreisen.

Die Sonne war für unsere Vorfahren eine besondere Naturerscheinung, deren täglichen und jahreszeitlichen Verlauf sie verfolgten.
Sie wurde bei vielen Völkern als Gottheit verehrt, und zu ihrer Ehre wurden Tempel, Pyramiden und Kultstätten errichtet. Die Griechen verehrten den Sonnengott Helios, die Ägypter den Sonnengott Ra. Sonnengötter verehrten auch die Mayas, die Inkas und die Azteken. Jedoch nicht nur die Sonne, sondern auch der Mond, die Planeten und die Sterne wurden als Gottheiten angesehen.

Die Bewegungen der Himmelskörper wurden sorgfältig verfolgt, weil man auf diese Weise herausbekommen wollte, was die Götter vorhatten. In den Sternbildern, die von einigen Sternen gebildet werden, die scheinbar nahe beieinanderliegen, sahen sie Figuren aus ihrer Sagenwelt. In der Sterndeutung, der Astrologie, sind sie heute noch von Bedeutung. In der Himmelskunde, der Astronomie, spielen sie keine große Rolle. Dort dienen sie lediglich als Orientierungshilfen, um sich am Sternenhimmel zurechtzufinden.
Im Altertum beobachteten die Astronomen die Himmelskörper und entwickelten aus ihren Aufzeichnungen von Sonne und Mond den Kalender. Bereits vor 4000 Jahren kannten schon die Babylonier und die Ägypter das Jahr als Zeiteinteilung.
In der Seefahrt orientierte man sich am Tag nach dem Stand der Sonne und in der Nacht nach den Sternen.

Gespräche

Die Sonne

Die Sonne ist für uns der größte, schönste und wichtigste Stern am Himmel. Durch die Drehung der Erde um die Erdachse können wir ihren (scheinbaren) Stellungswechsel verfolgen. Wenn sie aufgeht, verblassen alle anderen Sterne, die tagsüber ja auch noch da sind.
Wenn die Erdhälfte, auf der wir leben, der Sonne zugewandt ist, haben wir Tag; wenn sich unsere Erdhälfte von ihr wegdreht, haben wir Nacht.
Am Verlauf der Sonne können wir erkennen, was für eine Tageszeit es ist. Sie geht am Morgen im Osten auf, hat am Mittag im Süden ihren höchsten Stand und geht am Abend im Westen unter.

Der Mond

Neben der Sonne ist für uns der Mond der wichtigste Himmelskörper. Zu ihm sind schon Menschen mit einer Rakete geflogen und auf ihm gelandet. Sie haben ihn nur besucht, denn auf dem Mond können keine Menschen wie auf der Erde leben. Es gibt dort keine Luft, kein Wasser, keine Pflanzen und keine Tiere.

Buch über die Mondlandung in der Bücherei besorgen. Eventuell auch bei den Eltern.

Anmerkungen
Eigene Ideen
Notizen

Die Sterne

Am Nachthimmel können wir helle und weniger helle Sterne sehen. Manche stehen vereinzelt und andere wieder in Gruppen zusammen. Sie leuchten in verschiedenen Tönungen von bläulich über gelb bis rötlich.
Um sie sehen zu können, brauchen wir einen klaren Himmel und gute Augen.
Die Sterne sind große, riesengroße heiße Gaskugeln, die ihren festen Platz am Himmel haben.
Unsere Sonne ist auch ein Stern. Sie kommt uns nur so groß vor, weil sie viel näher bei uns ist als die anderen Sterne.

Ausgang

Wir besuchen ein Planetarium.
Wir machen Spaziergänge bei Tageslicht und in der Dunkelheit.

Beobachtungen

Sonnenlicht

Wir beobachten die Sonne durch ein Spezialglas (Schutzglas, das man zum Lichtbogenschweißen verwendet). Um zu vermeiden, daß die Kinder direkt in die Sonne sehen, kleben wir noch einen breiten Papprand um das Glas herum. So erhalten wir eine Maske, die das Gesicht ausreichend bedeckt. Oder wir besorgen uns ein Schweißschild bei einem Schlosser oder einem Schmied.

Vielleicht ergibt sich die wunderbare Gelegenheit, mit den Kindern eine Sonnenfinsternis erleben zu können. Hierbei schiebt sich der Mond zwischen die Sonne und die Erdkugel und verdunkelt somit die Sonne für kurze Zeit.

Mond und Sterne

Bei einem Nachtspaziergang beobachten wir den Mond und suchen Sternbilder.

Experiment

Sonnenuhr

In unserem Garten errichten wir eine Sonnenuhr.
Ein Sonnenschirmständer dient als Halter für unseren Zeiger (Stab). Zu jeder vollen Stunde ergänzen wir unser Zifferblatt, indem wir einen großen, flachen Kieselstein, den wir mit einer Ziffer versehen, auf den Stabschatten legen.
Diese Sonnenuhr ist nur ein Provisorium, mit dem wir den Kindern das Prinzip einer Sonnenuhr verständlich machen können.
Um eine genau anzeigende Sonnenuhr zu haben, müßte der Stab im richtigen Winkel, der unserem Breitengrad entspricht, auf den Polarstern ausgerichtet sein.

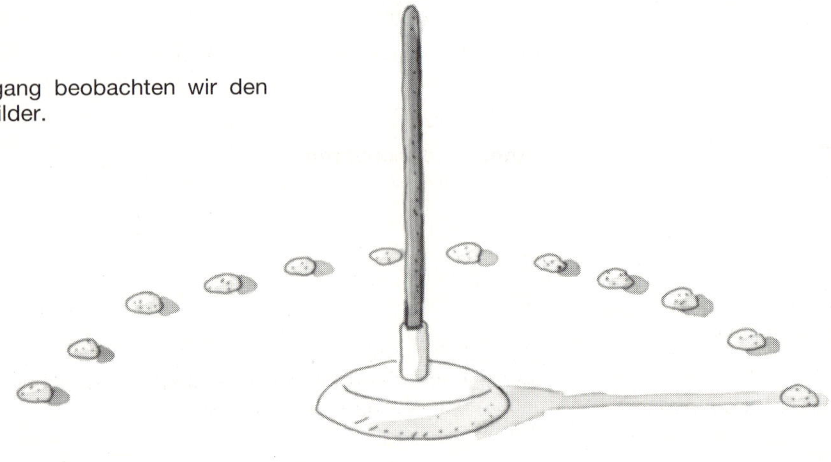

Zu Beobachtungen: Niemals mit ungeschützten Augen in die Sonne sehen. Die Sonnenstrahlen sind so stark, daß unsere Augen Schaden davon nehmen würden – bis zur Erblindung!

Dias bei der Kreisbildstelle besorgen.

Leicht zu finden sind z. B. der Orion, den man im Winterhalbjahr bereits am frühen Abend beobachten kann oder der Große Wagen, den man auch Großer Bär nennt, und den man das ganze Jahr über sehen kann.

Zu Experiment: Vielleicht haben wir unter unseren Eltern jemanden, der sich berufs- oder hobbymäßig damit befaßt und uns beim Bau behilflich ist.

Anmerkungen
Eigene Ideen
Notizen

Bilderbücher

Aus der Reihe: **„Reden wir darüber"**
„Die Nacht"
von Maria Martinez / Roser Capdevila. Picus Verlag

„Laura, Robin und die Räuber"
von Barbara Moßmann / Werner Färber. Verlag Herder

„Hokuspokus in der Nacht"
von Winfried Opgenoorth / Mira Lobe. Ravensburger

„Der kleine Nachtexpress"
von Anna Katharina Ulrich / Tayo Shima. Atlantis Verlag

„Kasimirs Weltreise"
von Marlene Reidel. Annette Betz Verlag

„Schlaf ein"
von Judy Hindley / Patricia Aggs. Annette Betz Verlag

„Guten Morgen, gute Nacht"
von Ivan Gantschev. Verlag Neugebauer Press

„Kannst du nicht schlafen, kleiner Bär?"
von Martin Wadell / Barbara Firth. Annette Betz Verlag

„Fränzi geht schlafen"
von Russell Hoban / Garth Williams. Verlag Sauerländer

„Wo schläft die Maus"
von Erwin Moser. Beltz Verlag

„Im Sternschnuppenwald"
von Masahiro Kasuya. Wittig Verlag

„Links von der Milchstraße"
von Satoshi Kitamura. Verlag Sauerländer

„Das Mondgesicht"
von Gerda Marie Scheidel / Lilo Fromm. Obpacher Verlag

„Mein Freund, der Mond"
von André Dahan. Bertelsmann Verlag

„Der kleine Mondbär"
von Frank Asch. Verlag Herder

„Lieber Mond komm leuchte mir"
von Branko V. Radičević / Eugen Sopko. Nord-Süd-Verlag

„Sonne und Mond"
von Marcus Pfister. Nord-Süd-Verlag

„Ein Himmel voller Lichter"
von Kenji Wada. Verlag Wittig

„Das silberne Licht"
von Regine Schindler / Sita Jucker. bohem press

„Das schwarze Schaf"
von Eleonore Schmid. Nord-Süd-Verlag

„Eulen-Rufe"
von John Schoenherr / Jane Yolen. Ravensburger

„Die Fledermaus fliegt ein und aus"
von Ursula Kasper-Locher / Hugo Kasper. Speer-Verlag

„Tiere in der Nacht"
von Susanne Ray. Ravensburger

„Wir wachen auf, wenn's dunkel wird"
von Susanne Riha. Annette Betz Verlag

„Alles schläft"
von Erich Hölle. Neuer Finken Verlag

„Die müde Eule"
von Marcus Pfister. Nord-Süd-Verlag

„Das Bilderbuch vom Licht"
von Michael Koch. Verlag Herder

„Die Sonnenuhr"
von Una Jacobs. Ellermann Verlag

„Fünf kleine Mäuse"
von Joyce Dunbar/James Mayhew. Atlantis Kinderbücher

„Rudolf Raser"
von Stephan Brülhart. Atlantis Kinderbücher

Sachbücher

„Wie weit ist der Himmel?"
Ein Sternforscher erzählt
von Peppo Gavazzi. Ravensburger

Aus der Reihe: **„Mehr wissen, mehr verstehen"**
„Sonne, Mond, Sterne"
von Hans Reich. Kinderbuchverlag Luzern

Aus der Reihe: **„Ich will's wissen"**
„Sterne und Planeten"
vgs verlagsgesellschaft Köln

Aus der Reihe: **„Die Welt entdecken"** Ravensburger
„Schlaf und Traum"
von Martine Beck / Gilbert Houbre

„Die Sonne – Quelle unseres Lebens"
von Jean-Pierre Verdet

„Die Nacht, der Mond und die Sterne"
von Jean-Pierre Verdet

„Das Sternenbuch"
von Manfred Bottmeyer / Anne Mußenbrock. Coppenrath Verlag

„Meyers grosses Sternbuch für Kinder"
von Joachim Herrmann / Harald und Ruth Bukor. Meyers Lexikonverlag

„Anno's Sonnenuhren"
von Mitsumasa Anno. Verlag Sauerländer

Bücher für den Erzieher

„Sterne Kompaß"
Sterne und Sternbilder leicht auffinden und sicher bestimmen. Verlag Gräfe und Unzer

Geschichten

Die Sonne

Die fünf Kinder saßen beim Abendessen. Als sie gerade ihre Suppe löffelten, entdeckte Peter etwas auf dem Fußboden. „Da, schaut her!" rief er.
Alle schauten, und richtig, auch sie sahen etwas auf dem Fußboden. Es war lang und breit und es glitzerte.
„Ich will es aufheben und sehen, was es ist", sagte David.
„Versuch es", forderte ihn die Mutter auf.
David rutschte vom Stuhl herunter und versuchte, das Ding aufzuheben. Aber es ging nicht. Die Kinder staunten und blickten die Mutter an.
„Ich will es wegkehren", meinte da Barbara.
„Versuch es", sagte die Mutter.
Barbara holte aus der Küche den Besen und versuchte, das Ding wegzukehren. Aber es ging nicht, so gründlich und fest sie auch kehrte. Das Ding blieb dort, wo es war.
„Was ist es denn?" fragte Michael.
„Vielleicht ein weißer Strick?" sagte die Mutter.
„Nein", riefen alle.
„Vielleicht ein silbernes Band?"
„Nein!"
„Oder ein Streifen Wasser?"
„Nein, nein!"
„Vielleicht gar ein Stück Stanniolpapier?"
„Nein, schon gar nicht!"
„Oder ist es ein Sonnenstrahl?"
„Ja!" riefen sie alle wie aus einem Munde.
Und es war wirklich ein Sonnenstrahl. Deshalb konnte ihn David auch nicht in die Hand nehmen und Barbara ihn nicht mit dem Besen wegkehren.
„Wo kommt denn der Sonnenstrahl her?" fragte Michael.
„Sehn wir einmal nach!" antwortete die Mutter.
Da die Kinder ihre Suppe schon aufgegessen hatten, standen sie auf, traten in den Sonnenstrahl, gingen ihm nach und kamen genau vors Fenster.
Sie blickten hinaus – und dort war auch die Sonne, die eben hinter dem Berg unterging.
„Der Strahl ist von der Sonne gekommen", stellte die Mutter fest, „und jetzt gebt genau acht, was geschieht."
Die Kinder paßten gut auf. Sie schauten auf die rote Sonne. Auf einmal verschwand sie hinter dem Berg.
„Oh, wo ist jetzt der Sonnenstrahl?" rief Peter erstaunt. Die Kinder drehten sich um – kein Sonnenstrahl war mehr da!
„Die Sonne hat ihn mitgenommen", sagte die Mutter.
„Wohin ist die Sonne denn gegangen?" fragte David.
„Sie ist hinter dem Hügel verschwunden und geht jetzt auf die andere Seite der Erde", erwiderte die Mutter.
„Was will sie denn auf der anderen Seite der Erde tun?" fragte Michael.
„Sie will ihr Licht auch anderen Kindern schenken."
„Warum?" fragten auch die anderen.
„Alle Menschen haben nur eine Sonne", erklärte die Mutter, „aber sie kann nicht für alle auf einmal scheinen. Wenn du schläfst, ist es Nacht, die Sonne ist dann auf der anderen Seite der Erde. Dann sind die Kinder dort an der Reihe, damit auch sie spielen können. Am Morgen kommt die Sonne wieder zurück, weckt dich auf, damit du wieder spielen kannst. Und so geht es Tag für Tag und Nacht für Nacht."
„Wird morgen die Sonne bestimmt wieder zurückkommen?" fragte David.
„Können die Kinder auf der anderen Seite die Sonne nicht zurückhalten?" fragte Judith.
„Niemand kann die Sonne bei sich behalten", versicherte die Mutter, „die Sonne kommt jeden Morgen zurück. Wenn ihr aufwacht, werdet ihr sie wiedersehen."

Pearl S. Buck

Aus:
„Geschichten für kleine Kinder",
neu bearbeitet
von Käthe Recheis.
Trauner Verlag,
Linz a. d. D.

Anmerkungen
Eigene Ideen
Notizen

Der kleine Nachtwächter hat Geburtstag

Als der kleine Nachtwächter Geburtstag hatte, dachten die Leute sich etwas Besonderes aus.

„Kleiner Nachtwächter“, sagte die Blumenfrau, „heute sollst du einmal die ganze Nacht schlafen. Wir werden für dich Wache halten.“

Und die anderen nickten dazu.

Da freute sich der kleine Nachtwächter, und er legte sich in sein Bett. Aber schlafen konnte er leider trotzdem nicht, denn er war ja gewohnt, des Nachts umherzugehen.

Die Leute zündeten Lichter an und verteilten sich im Dorf. Das Luftballonmädchen schaute nach, ob alle Fenster geschlossen waren, der Drehorgelmann leuchtete in den Brunnen, der Dichter ging den Hügel hinauf, die Blumenfrau lief durch den Garten, und der Bauer spazierte die Wiesen entlang. „Es ist alles in Ordnung“, riefen sie sich gegenseitig zu.

Doch weil sie so viel Lärm machten, wachten die Tiere auf und steckten die Köpfe zum Stallfenster hinaus.

„Die Tiere können nicht schlafen“, sagte die Blumenfrau. „Wir müssen es dem Bauer sagen.“

Doch der Bauer war nicht da. Und so sehr sie ihn auch suchten, sie fanden ihn nicht.

„Die Tiere können nicht schlafen, und der Bauer ist fort“, seufzte der Drehorgelmann. „Was sollen wir bloß tun?“

„Seht nur!“ schrie da plötzlich das Luftballonmädchen, und sie zeigte auf das Spiegelbild des Mondes im Wasser. „ Der Mond ist in den Dorfteich gefallen!“

„Oh, große Not!“ rief der Dichter. „Wir müssen ihn retten!“ Und er lief und holte ein Netz.

Aber so sehr sich die Leute auch bemühten, den Mond aus dem Dorfteich zu fischen, es wollte ihnen nicht gelingen. Da wußten sie keinen anderen Rat, als den kleinen Nachtwächter zu wecken.

„Kleiner Nachtwächter“, sagten sie aufgeregt, „der Bauer ist fort, die Tiere wollen nicht schlafen, und der Mond ist in den Dorfteich gefallen.“

„Oh“, sagte der kleine Nachtwächter, und er lächelte ein wenig.

Er zog seine Stiefel an, nahm die Laterne und ging hinaus. Zuerst fand er den Bauern. Er lag in einem Heuhaufen und schnarchte. Dann streichelte er die Tiere und wünschte ihnen eine gute Nacht. Und als die Tiere sahen, daß der kleine Nachtwächter wieder da war, legten sie sich hin und schliefen augenblicklich ein.

„Aber der Mond?“ fragten die Leute. „Was wird mit dem Mond?“

„Der Mond nimmt ein Bad“, sagte der kleine Nachtwächter. „Um den Mond braucht ihr euch nicht zu sorgen. Er weiß seine Wege.“

Und er schickte die Leute ins Bett.

Dann machte er seine Runde wie alle Tage. Nur, daß er heute ganz besonders glücklich war. Und ein bißchen stolz war er auch.

Aus:
Gina Ruck-Pauquèt,
„Sandmännchens Geschichtenbuch“,
Ravensburger Buchverlag
Otto Maier GmbH

Gute Nacht

Die Einschlaf-Geschichte

Es war am Abend vor seinem Geburtstag. Filip konnte nicht einschlafen. Er drehte sich von einer Seite auf die andere und hatte schon alle Hoffnung aufgegeben, daß es jemals Morgen werden würde. Da hörte er ein Geräusch am Fenster. Filip starrte in die Dunkelheit, und bevor er sich von seinem Schrecken erholt hatte, vernahm er ein leises Stimmchen:
„Na endlich, ich dachte schon, du hättest es vergessen!“
„Vergessen? ... Was denn?“ fragte Filip zurück.
„Na, das Fenster offenzulassen.“
Herein schlüpfte eine kleine, graue Feldmaus.
„Erinnerst du dich nicht? Du hast mich zu deinem Geburtstag eingeladen. Ich bin Bruno, die Maus aus deinem Bilderbuch.“
„Ach, so“, sagte Filip verwundert. „Die anderen Gäste sind wohl noch nicht da? Sicher werden sie gleich kommen“, plauderte Bruno weiter. „Ich hab' dir auch was mitgebracht! Ich bin zwar nicht gerade reich, aber auch nicht so arm wie eine Kirchenmaus.“
Bruno sprang zu Filip auf die Bettdecke und überreichte ihm einen Fingerhut. „Paß bitte auf, daß er nicht umkippt“, sagte er. „Es liegt ein frischer Tautropfen darin.“
„Aha“, sagte Filip. „Den soll ich wohl trinken?“
„Um Himmels willen!“ Bruno schüttelte den Kopf. „Morgen früh, wenn die Sonne scheint, wirst du hinausgehen und den Tropfen auf ein grünes Blatt legen oder – noch besser – auf ein buntes Blütenblatt. Dann verwandelt die Sonne den Tautropfen in einen glitzernden Diamanten.“
Bruno setzte sich auf die Hinterbeine, und als er gerade seinen Schwanz mit einer eleganten Bewegung um den Körper ringelte, hörte man von der Fensterbank ein leises Scharren.
„Guten Abend“, zirpte es. Ein Grashüpfer saß auf dem Sims und rieb sich sein Hinterbein. „Herzlichen Glückwunsch zu deinem Geburtstag. Bin ich hier richtig? Kennst du mich nicht? Ich bin der Grashüpfer aus deinem Naturkundebuch.“ Mit zwei großen Sprüngen landete der Grashüpfer auf Filips Bettdecke und schnarrte: „Wenn du denkst, ich hätte dir nichts mitgebracht, kennst du Grashüpfer schlecht. Hier, dieser Grashalm stammt von meiner Lieblingswiese. Ein ausgesucht schönes Exemplar! Nicht zu dick, nicht zu schmal, nicht zu lang, nicht zu kurz, mit einem Wort ...“
Hier wurde der Grashüpfer durch ein Räuspern unterbrochen.
„Komm endlich zur Sache!“ sagte Bruno. Seine Barthaare zitterten ungeduldig.
„Also“, zirpte der Grashüpfer, „ich will euch nicht länger auf die Folter spannen. Kurz und gut, dieser Grashalm ist ein Musikinstrument. Man legt ihn zwischen die Daumen und bläst mit dem Mund dagegen. Menschen können ihm wunderbare Töne entlocken. Anfänger müssen allerdings ein bißchen üben.“
Filip nahm den Grashalm entgegen, bedankte sich und sagte:
„Immer, wenn ich abends darauf spiele, kannst du mich besuchen kommen.“
„Das wird sich machen lassen“, versprach der Grashüpfer.
Er hätte gern noch eine lange Rede gehalten, doch in diesem Moment schwebte eine große, bunte Seifenblase zum Fenster herein. Lautlos folgte eine zweite, eine dritte und noch eine und noch eine ... Alle hielten den Atem an. Die Seifenblasen schwebten über Filips Bett, standen ein Weilchen still und zerplatzten dann.
Der Grashüpfer fand als erster seine Sprache wieder.
„So was ... so was ...“ „So was ... so was ...“ und rieb sein Musikantenbein, so daß ein leises Grillen zu hören war. „Höchst sonderbar ...“
Da hörten sie vom Fenster ein Gluckern.
„Das habe ich dir mitgebracht“, sagte eine dicke Henne und hüpfte ins Zimmer. „Ich bin die Henne Änne aus deinem Malbuch. Du hast mich angemalt auf Seite vier. Vielen Dank für die bunten Farben.“
„Nichts zu danken“, sagte Filip verdutzt. „Das hab' ich doch gern gemacht.“
Die Henne plusterte das Gefieder auf und holte einen Strohhalm hervor.
„Es ist ein ganz besonderer Strohhalm“, sagte die Henne stolz. „Wenn du hineinbläst, kommen bunte Seifenblasen heraus.“
Filip nahm den Strohhalm in die Hand, sah ihn sich von allen Seiten an und blies hinein. Eine winzige Seifenblase schwebte in die Luft. Filip blies kräftiger, und plötzlich war das Zimmer voll von Seifenblasen, die in den schönsten Farben durcheinanderflogen.

„Wunderbar", flüsterte Filip.
Alle sahen gebannt auf den Strohhalm. Filip hörte auf zu blasen und zog die Knie unters Kinn. Die schillernden Seifenblasen schwebten eine Weile im Zimmer und zerplatzten, eine nach der anderen.
Filip sah seine staunenden Gäste alle der Reihe nach an, und in die Stille hinein sagte er: „Ich möchte euch gern bewirten und denke, eine Suppe würde uns allen jetzt gut tun."
Er hatte eine Suppe im Sinn, die aus all dem bestehen sollte, was seine Gäste gern aßen. Sogleich fing er an, das Suppenlied zu singen:

Wasser und Schmalz
und etwas Salz
sowie drei Zwiebeln –
das fällt mir ein,
ohne zu grübeln.
Aber wichtig sind Nudeln,
in Form von Zahlen.
Ich zähl' schon bis hundert,
ohne zu prahlen.
Fünf Löffel Hirse, fein gemahlen,
und viel von dem Dingsda –
wie heißt das doch gleich?
Mein Gedächtnis, das
spielt mir heut' einen Streich.
Gewürze sind wichtig!
Ach, ja,
Grashalme, richtig!

Jetzt wurde es im Zimmer lebendig. Alle Gäste beeilten sich, die Zutaten herbeizuschaffen. Sie liefen und sprangen und hüpften und flogen durcheinander.
Es dauerte nicht lange, da konnten sie sich um den dampfenden Topf versammeln. Das nächtliche Geburtstags-Suppen-Essen begann.
Filip durfte den ersten Löffel kosten. Jedoch – geschah es, weil die Suppe noch so heiß war? Oder weil er auf dem Bauch vor dem Topf lag? Aus Rücksicht auf seine Gäste hatte er sich so klein wie möglich gemacht – Filip verschluckte sich. Er mußte husten, prustete, holte tief Luft, schlug die Augen auf – und es war heller Tag. Filip schaute sich um. Seine Eltern standen im Zimmer, kamen auf sein Bett zu, küßten ihn und beglückwünschten ihn zu seinem Geburtstag. Und es begann ein Fest, wie er es sich schon seit Wochen vorgestellt hatte.
Erst am Abend, als Filip wieder in seinem Bett lag, fiel ihm sein nächtliches Geburtstagsfest ein. Er wünschte sich sehr, Bruno würde an sein Fenster klopfen. Gern hätte er den Grashüpfer nach seinem Musikantenbein gefragt. Und wo waren eigentlich die Geschenke geblieben, die die außergewöhnlichen Gäste ihm mitgebracht hatten?
Im Zimmer war es dunkel. Filip lag ganz still in seinem Bett und dachte darüber nach, wie er es anstellen könnte, daß sie alle wiederkämen.
Aber während er noch grübelte, war er schon eingeschlafen.
Ob sie gekommen sind, die Maus, der Grashüpfer, die Henne? – Ich weiß es nicht. Mal kommen sie, mal bleiben sie weg. Manchmal kommen auch ganz andere. Aber das ist eine neue Geschichte . . .

Reime

Schlummerliedchen

Schlaf, Kindlein, schlaf!
Es war einmal ein Schaf.

Das Schaf, das ward geschoren,
da hat das Schaf gefroren.

Da zog ein guter Mann
ihm seinen Mantel an.

Jetzt braucht's nicht mehr zu frieren,
kann froh herumspazieren.

Schlaf, Kindlein, schlaf!
Es war einmal ein Schaf.

Christian Morgenstern

*

Die Sonne stolz
vom Himmel lacht.
Der Mond scheint
einsam in der Nacht.

Anmerkungen
Eigene Ideen
Notizen

Iris Salzmann / Heide Heinz, Aus: „ich bin ich, und wer bist du, Tiger oder Blindekuh?" Pädagogischer Verl. Schwann-Bagel, Düsseldorf. Rechte bei den Autoren

Weitere Geschichte: „Hannes Laterne", siehe Heft 3, Seite 4. Ein weiteres Märchen: „Die Sterntaler", siehe Heft 3, Seite 5.

Weitere Reime siehe Heft 2, Seite 6.

Die unbesiegbare Sonne

Wenn auch unter Fesseln aus Eis
Flüsse und Seen erstarren –
frei erhebt sich die Sonne
und wandert über die Welt

Aus der Mongolei

*

Die große, runde Sonne
braucht Platz am Himmelszelt.
Und wenn die Sonn' nicht wär',
wär's dunkel auf der Welt.

*

Sonne, liebe Sonne,
verlaß uns nicht;
komm schnell heraus
und zeig uns dein Angesicht.

Abzählreim

1, 2, 3, 4
Sterne leuchten hier,
hell ist ihr Schein,
du darfst es sein.

Renate Lüber

Fingerspiel

All die vielen kleinen Zwerge
aus dem hohen Tannenberge
wollen heut spazierengehn,
denn die Sonne scheint so schön.
All die Pax und Pox und Pitze
wackeln mit der Zipfelmütze,
zwicken sich und zwacken sich,
haschen sich und fangen sich.
Doch, o weh, da kommt sodann
eine dicke Wolke an.
Viele kleine Regentröpfchen
fallen auf die Zwergenköpfchen.
Zwerglein laufen schnell nach Haus,
reißen vor der Wolke aus,
in ihr sicheres Versteck.
Husch, da sind sie wieder weg!

Rätsel

Sie wärmet Land und Wasser,
wenn sie am Himmel lacht.
Sie leuchtet uns am Tage
und andern, wenn bei uns ist Nacht. (Sonne)

Hell und rund am Himmel steht sie,
warme Strahlen zu uns schickt sie.
(Die Sonne)

*

Wer geht durch Hecken und Zäune
und raschelt nicht? (Sonnenlicht)

*

Was fällt in den Brunnen
und macht dabei kein Geräusch?
(Der Sonnenstrahl)

*

Welche Uhr ist gut gemacht,
aber nutzt nicht in der Nacht? (Sonnenuhr)

*

Es hat keinen Körper
und ist doch sichtbar. (Schatten)

*

Ich wandle mit dir Tag und Nacht
im Sonnen- und im Mondenschein.
Auf leisen Sohlen schleich' ich sacht
bald vor dir, bald hintendrein:
Hinab das Tal, hinauf den Berg,
bald wie ein Ries', bald wie ein Zwerg.
(Schatten)

*

Abends wenn es dunkel ist
und du müd' geworden bist,
siehst du ihn am Himmel stehn –
groß und rund und voll und schön.
Mit den Sternen er dort wohnt,
nennt ihn mir, es ist der . . .

(Mond)

Mein Gesicht
ist geschmückt mit fremden Licht;
schmückt mich nicht das fremde Licht,
siehst du nicht mein Angesicht. (Mond)

Der Tag ist mir verhaßt,
die Nacht ist mein Vergnügen;
zwar Federn hab' ich nicht,
doch kann ich wacker fliegen. (Fledermaus)

*

Am hellsten Tag erschein' ich dir,
du siehst mich nicht;
in tiefer Nacht erschein' ich dir
und bin dir Licht. (Stern)

*

Nachts am klaren Himmel
siehst du sie in großer Zahl.
Sie leuchten und sie funkeln
am Himmelszelt – überall. (Sterne)

Renate Lüber

Anmerkungen
Eigene Ideen
Notizen

Lieder

Sonne, Mond und Sterne

Text und Melodie: Franz Kett

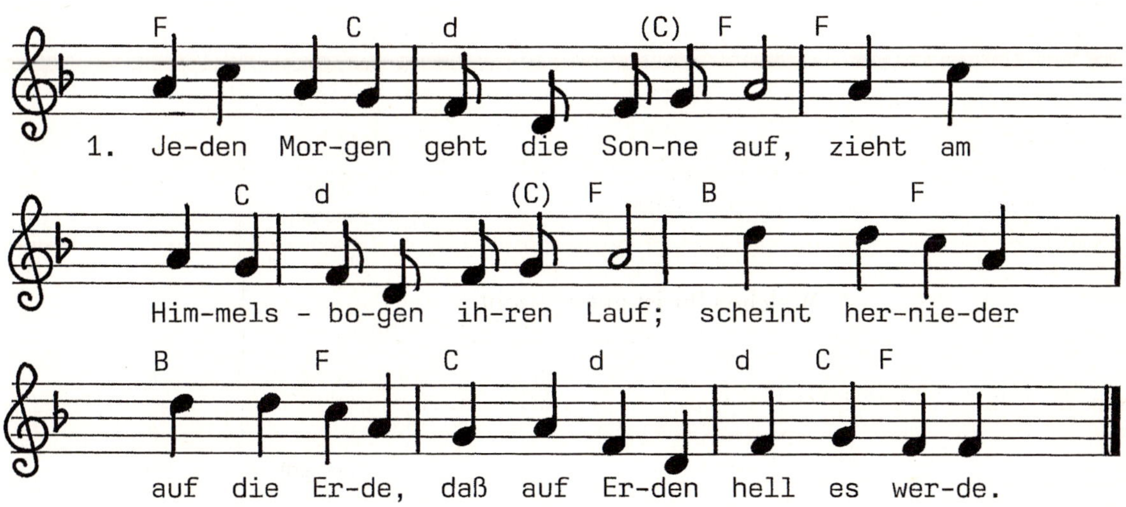

Aus:
RPP Arbeitsmappe 3/80
„Auf, ihr Kinder lobet den Herrn",
RPA-Verlag Religionspäd. Arbeitshilfen GmbH, Landshut

2. Jeden Abend leuchten Sterne auf,
ziehn am Himmelsbogen ihren Lauf;
glitzern, funkeln auf die Erde,
daß die Nacht nicht finster werde.

3. Manchen Abend scheint der gelbe Mond,
eine Sichel und dann wieder rund;
leuchtet friedlich auf die Erde,
daß sie still und ruhig werde.

4. Großer Gott, wir loben, preisen Dich
für Mond, Sterne und das Sonnenlicht.
Dank sei Dir, o Gott, gebracht
für das Licht bei Tag und Nacht.

Siehe auch Lied:
„Die Reise der Sonne"
Heft 5, Seite 8.

Anmerkungen
Eigene Ideen
Notizen

Nachthimmel

Text: Renate Lüber / Melodie: Bernd Seitz
© bei den Autoren

2. Leuchten in der Dunkelheit,
die Sterne in der Nacht,
schenken Licht und Helligkeit,
die Sterne in der Nacht.

3. Hast du ihn schon mal gesehn,
den Mond dort in der Nacht,
wie er hoch am Himmel steht,
der Mond dort in der Nacht.

4. Leuchtet in der Dunkelheit,
der Mond dort in der Nacht,
schenkt uns Licht und Helligkeit,
der Mond dort in der Nacht.

Wer hat die schönsten Schäfchen

Worte: Hoffmann von Fallersleben (1798–1874)
Weise: J. F. Reichardt (1752–1814)

2. Er kommt am späten Abend,
wenn alles schlafen will,
hervor aus seinem Hause
am Himmel sanft und still.

3. Dort weidet er die Schäfchen
auf seiner blauen Flur,
denn all die weißen Sterne
sind seine Schäfchen nur.

4. Sie tun sich nichts zuleide,
hat eins das andre gern,
und Schwestern sind und Brüder
da droben Stern an Stern.

Anmerkungen
Eigene Ideen
Notizen

Eins, zwei, drei

Text und Melodie: Hans Baumann

Aus:
Hans Baumann,
„Das Liederboot“,
K. Thienemanns Verlag,
Stuttgart
Rechte bei
Elisabeth Baumann

Siehe auch
Singspiel: „Es ging ein Kind durch den dunklen Wald“, Heft 3, Seite 12.

2. Eins, zwei, drei, vier, fünf, sechs, sieben, acht –
sag, was macht denn der Wind in der Nacht?
Er zieht von einem Land ins andre Land.
Ja, das macht, macht der Wind in der Nacht.

3. Eins, zwei, drei, vier, fünf, sechs, sieben, acht –
sag, was macht denn die Wolke bei Nacht?
Sie bringt uns Regen her vom großen Meer.
Ja, das macht, macht die Wolke bei Nacht.

4. Eins, zwei, drei, vier, fünf, sechs, sieben, acht –
sag, was macht denn die Sonne bei Nacht?
Sie geht für andre auf bei ihrem Lauf.
Ja, das macht, macht die Sonne bei Nacht.

5. Eins, zwei, drei, vier, fünf, sechs, sieben, acht –
sag, was machen die Kinder bei Nacht?
Unter dem Himmelshut schlafen sie gut.
Ja, das machen die Kinder bei Nacht.

Anmerkungen
Eigene Ideen
Notizen

Manuelles Gestalten

Basteln

Sonne

Material: Karton für die Sonnenscheibe, Glanzpapier in verschiedenen Gelb- und Rottönen zum Bekleben.

Sternenhimmel

Material: Holzstab, Faden, Glitzerfolie für die Sterne. Wenn wir den Sternenhimmel über die Heizung hängen, kommt Bewegung hinein.

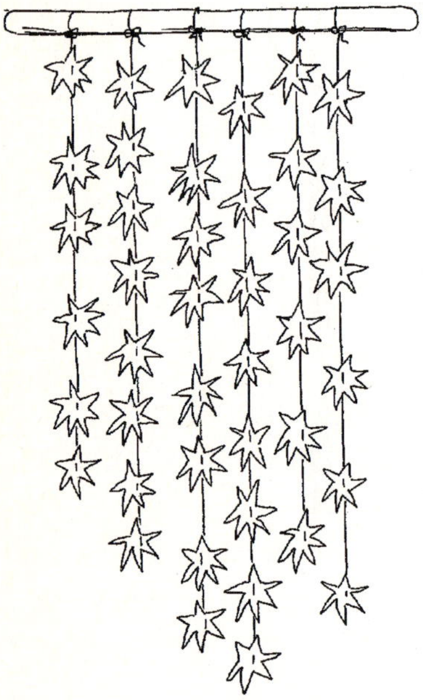

Glas-Tischleuchte – Windlicht

Material: Marmeladen- oder Joghurtglas, Kleister, Transparentpapier in verschiedenen Farben, Teelicht.

Stern-Tischleuchte

Material: Karton für den Stern, Glitzerfolie zum Bekleben, Teelicht.

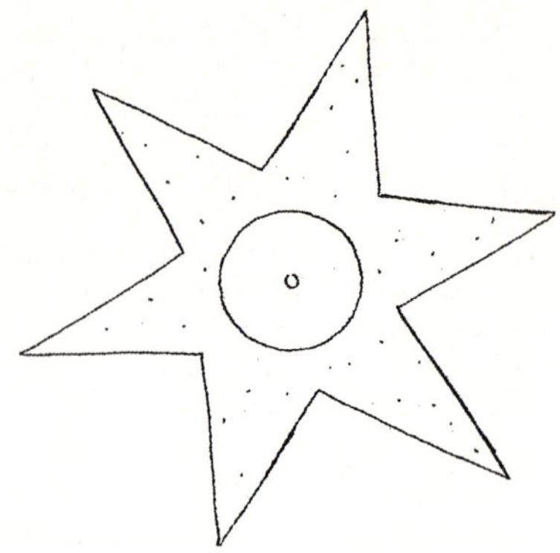

Eule

Material: Karton für den Körper, Faden, Musterbeutelklammern, Buntstifte zum Bemalen oder gerissenes Buntpapier zum Bekleben, Holzstab, mit dem wir die Eule halten können, bzw. einen Faden zum Aufhängen.

Raketen

Material: Haushaltsrollen, gebrauchte Alufolie zum Bekleben. Die Raumstation dazu kann man aus kostenlosem Material basteln.

Kratztechnik – Spritztechnik – Abperltechnik

Sonne – Mond und Sterne

Bei der Abperltechnik können wir Wachsfarben oder Kerzenreste verwenden und mit Holzbeize übermalen.

Malen

Sonne – Mond und Sterne
Wir malen die Sonne, den Mond und die Sterne auf unsere Gruppenraumfenster. Wenn möglich auf zwei gegenüberliegenden Fenstern.

Sternenhimmel über unserer Bilderbuchecke
Wir färben ein Leintuch dunkelblau.
Die Sterne können wir entweder mit Stoffarben aufmalen oder aus Glitzerfolie ausschneiden und aufkleben.
Dies ist eine schöne Tätigkeit nach einem Besuch im Planetarium.

Religiöse Erziehung

Sie folgten dem Stern – die Heiligen Drei Könige

● **Biblische Geschichte**
Der Besuch der Weisen. Matthäus 2/1–12

Am 6. Januar wird der Taufe Jesu und der Heiligen Drei Könige gedacht. Seit dem Mittelalter ist es bei uns Brauch, daß Kinder den Besuch der Heiligen Drei Könige nachspielen. Sie ziehen als Sternsinger in den Gemeinden umher, überbringen Wünsche und sammeln Geld für die hungernden Kinder in der Dritten Welt. Sie schreiben mit geweihter Kreide z. B. für 1992

19 – C – M – B – 92

als Segensspruch an die Haustür. Die Zahlen für das Jahr und die Anfangsbuchstaben der Königsnamen. Eine andere Bedeutung für die Buchstaben kommt von „**C**hristus **M**ansionem **B**enedica“, was soviel wie „Christus segne dieses Haus“ bedeutet. Dieser Spruch soll das Haus vor Unglück bewahren.
In manchen Gegenden ist es Brauch, zum Dreikönigstag einen Dreikönigs-Kuchen zu backen, in den eine geschälte Mandel miteingebacken wird.
Den Kölner Dom ließ der damalige Bischof zu Ehren der Heiligen Drei Könige erbauen.

● **Erzählung – Die Drei Weisen**
mit Orffbegleitung

Vorschläge:
Stern: Glockenspiel ✳. . .
Gehen: Holzblocktrommeln □. . .
Klangstäbe //. . .
Tambourin ○. . .
Hitze: Triangel △
Sturm: Xylophon – Becken ~~~

Die instrumentale Untermalung ist dem Wort untergeordnet und sparsam einzusetzen.

Erzähltext

Es ist dunkle, finstere Nacht.
Ein Stern leuchtet am Himmel auf, ✳. . .
ein Stern, strahlend schön.
Die Menschen, die ihn sehen, sind verwundert.
Sie staunen. Sie fragen:

Erzähltext

„Was ist das für ein Stern?“ fragen die Menschen.
„Er ist ein Unglückszeichen“, meinen die einen.
„Der Stern sagt ein Unglück an, Krieg, Erdbeben, etwas Schlimmes.“
„Nein“, sagen die anderen.
„So ein schöner Stern kann nur Schönes und Gutes bedeuten. Er ist ein Hoffnungszeichen. Auf was dürfen wir hoffen?“

Wieder andere Menschen meinen gar nichts.
Sie haben keine Zeit, zum Himmel zu sehen.
Sie sehen nur auf ihre Arbeit, auf das Geld, das sie verdienen wollen. Die Zeichen am Himmel bleiben ihnen verborgen.
Es bleibt ihnen viel Geheimnisvolles, Wunderbares verborgen.

Einige Menschen, die das Himmelszeichen sehen, können den Blick nicht mehr von ihm wenden.
Es sind Menschen, die viel nachdenken über Sonne, Mond und Sterne, über die Welt, das Leben der Pflanzen, Tiere und Menschen, über Gutes und Böses, über Recht und Unrecht. Es sind kluge, sehr weise Menschen. Sie sehen den Stern und sagen: ✳. . .

Anmerkungen
Eigene Ideen
Notizen

„Ein Licht ist aufgegangen in der Dunkelheit, ein helles Licht erstrahlt in unserer Finsternis. Es wurde der geboren, der uns Menschen den Frieden bringen will. Kommt, wir wollen uns auf den Weg machen und den suchen, für den der Stern ein Zeichen ist.“
Und sie gehen von zu Hause fort.
Jeder für sich.
Einer, □...
ein Zweiter, //...
ein Dritter, ○...

Instrumente klingen erst im Gleichmaß,
wenn sich die drei gefunden haben und gemeinsam gehen.

Sie lassen alles zurück, was sie haben,
ihr Haus, den Garten, die Frau, die Kinder.
Sie geben alles auf, was sie lieben.
Sie machen sich auf den Weg.
Sie wollen den suchen, für den der Stern ein Zeichen ist.

Weit ist der Weg. □...
Beschwerlich ist er. //...
Er kostet Mühe und Plage. ○...
Er führt über Berge und Täler.
Er führt durch die Wüste. ◬
Heiß ist es dort. ◬
Hunger und Durst quälen einen. ◬
Und jeder geht allein, ganz allein. □...
//...
○...

Wenn man aber dem gleichen Stern folgt,
dann geschieht es, daß man auf die trifft,
die auch dem Stern folgen.
Einer begegnet dem anderen.
Sie sind voll Freude.
Keiner ist mehr allein.

Instrumente erklingen im Gleichmaß.

Sie sind Gefährten, die dem gleichen Stern folgen.

Sie gelangen ans Meer, ans Wasser. ~~~
Wie geht es weiter?
Sollen sie die Reise aufgeben?
Nichts hält sie auf.
Sie steigen in ein Schiff.
Das Meer bringt neue Gefahren:
Wind – Sturm – Wellen. ~~~

Kinder spielen Sturm mit den Händen mit.

Sie heben das Schiff hoch.
Sie ziehen es in die Tiefe.
Die Menschen verlieren schon den Mut.
Das Wasser steht ihnen bis zum Halse.
Doch dann reißt der Himmel wieder auf.
Die Wolken verziehen sich.
Die Wellen legen sich.
Das Schiff erreicht den Hafen.
Der Stern leuchtet und zeigt den Weg. ✳ ...

Da liegt eine Stadt vor ihnen,
eine große und mächtige Stadt.
Es ist die Stadt Jerusalem mit Häusern und Palästen.

Anmerkungen
Eigene Ideen
Notizen

Der Himmel ist dunkel über der Stadt.
Wo ist der Stern? Wohin führt der Weg?
Vielleicht weiß der König der Stadt,
wo der geboren wurde, den der Stern anzeigt.

Sie treten vor den König. Herodes heißt er.
Sie treten vor ihn und fragen:
Wo ist der neugeborene König,
der Friedensfürst?
Wir haben seinen Stern gesehen. ✳. . .

Der König erschrickt.
Er weiß von keinem Stern.
Er blickt nicht zum Himmel.
Er hat andere Gedanken.
Er will mächtig sein – herrschen.
Er ist voll Angst.
Kommt da ein neuer König,
ein König, der ihn vom Throne stürzen will,
der sich an seine Stelle setzen möchte?

Herodes ruft seine Ratgeber.
Sie sollen ihm Rat geben, wer der neue König sei,
welchen Namen er trage.
Die Ratgeber lesen in alten Büchern.
Es sind Bücher, in denen die Geschichte des Volkes aufgeschrieben steht,
in denen geschrieben steht,
Gott selber ist der König des Volkes,
und er wird kommen und sein Volk befreien.

Sie lesen:
„Du Bethlehem bist keineswegs die geringste unter den Fürstenstädten Judas. Aus dir wird geboren werden, der den Frieden bringt allen, die guten Willens sind.“ ✳. . .

Herodes erschrickt noch mehr. Er sagt zu den Weisen:
„Geht nach Bethlehem und sucht das Kind.
Wenn ihr es gefunden habt, kommt und sagt es mir,
damit auch ich hingehe, um es anzubeten“
(in seinem Herzen aber denkt er:
um es zu töten).

Und die Weisen treten in den Stall.
Sie finden den, für den der Stern ein Zeichen ist,
den die alten Bücher angekündigt haben.
Sie finden ein Kind und seine Mutter. ✳. . .
Das Kind ist in Windeln gewickelt.
Es liegt auf Heu und Stroh.
Es liegt in einer Krippe. ✳. . .

Die Weisen spüren:
Dies Kind ist das Licht, das in der Finsternis aufleuchtet.
Es ist der König, der allen den Frieden bringen will,
die guten Willens sind.
In diesem Kind ist Gott selber zu uns Menschen gekommen.

So knien sie vor dem Kind nieder.
Sie verneigen sich und beten es an.
Sie geben Geschenke, wie man sie einem König schenkt:
Gold – Weihrauch – Myrrhe.

Im Traum aber erscheint ihnen ein Engel.
Er sagt:
„Geht nicht nach Jerusalem zurück.
Herodes will das Kind töten lassen.
Kehrt auf einem anderen Weg heim!“
Sie gehorchen und ziehen auf einem anderen Weg heim.
□. . .
//. . .
○. . .

Die Kinder machen mit ihren Füßen die Bewegung des Gehens mit – werden langsam ruhiger.

Lied: „Was ist das für ein Stern“, siehe oben, dazu 2. Strophe:
Der Stern, der sagt uns an, daß in der Welt kam an,
der Heiland Jesus Christ; dies sagt der Stern uns an.

Erzählung: „Die Drei Weisen“, aus: RPP 79/4, RPA-Verlag Religionspäd. Arbeitshilfen GmbH, Landshut

*

Rollenspiel

Wir spielen die Heiligen Drei Könige als Schattenspiel.

Bilderbücher

„Erde, unser schöner Stern“
von Stepán Zavrel / Ursula Wölfel. Patmos Verlag

„Sie folgen dem Stern“
von Stepán Zavrel. Patmos Verlag

„Der kleine Stern“
von Masahiro Kasuya. Wittig Verlag

Weitere Bücher siehe Heft 3, Seite 32, 33.
Lied/Reim, Seite 44/45.

Manuelles Gestalten

Wir gestalten die Heiligen Drei Könige aus Papprollen (siehe Zeichnung S. 48).
Den Kopf machen wir aus einem Papierknäuel.
Die Kleider fertigen wir aus Stoffresten, Borten, Knöpfen, Perlen . . ., die Haare aus Woll- und Fellresten.

Lied

Die Heiligen Drei Könige

Text: Rosemarie Künzler-Behncke
Musik: Klaus W. Hoffmann

Aus: „Drachenflug und Lichterspiel“, Patmos Verlag, Düsseldorf 1991

Refrain: Die Heil'gen Drei Könige ...

2. Es macht' sie müd der Wind aus Süden,
trug's Zeltdach fort der Wind aus Norden.
Der Wind aus Ost, der brachte Frost.
Der Wind aus West blies gar so fest.

Refrain: Die Heil'gen Drei Könige ...

3. Am Tage liefen sie sich Blasen.
Des Nachts, da froren ihre Nasen.
Auch sahen sie sehr oft im Dunkeln
verschied'ne Raubtieraugen funkeln.

Refrain: Die Heil'gen Drei Könige ...

4. Der erste fiel in einen Graben
und mußte eine Leiter haben.
Der zweite hatte großen Durst.
Der dritte sehnte sich nach Wurst.

Refrain: Die Heil'gen Drei Könige ...

5. Die Kleider wurden naß vom Regen –
sie hatten keinen Schirm dagegen.
Oft saßen sie mit trübem Blick
in großer Not im Mißgeschick.

Refrain: Die Heil'gen Drei Könige ...

6. Ein Glück, daß sie die Krippe fanden,
vor der sie voller Freude standen.
Da war vergessen alle Müh –
sie fielen nieder auf die Knie.